住まいがつたえる世界のくらし

藤木庸介 編

今日の居住文化誌

世界思想社

目 次

はじめに 3

Ⅰ 移動するくらし

「大地」に拡がる住まい──カナダ・イヌイトの生き方のかたち 9
モンゴル牧畜民と遊牧文化──草原と都市の境を行き来する住まい 29
サフランボルの季節住居とその文化──遊牧生活，イスラム，風土の融合 47
北西アフリカにおける遊牧と定住──トゥアレグの居住文化 59

コラム　トゥアレグの定住文化と工芸品／スーダン建築における玄関の役割 79

Ⅱ 「知恵」を生み出すくらし

「奇妙」な居住空間での／への「あたりまえ」な態度
　　　　　　　　　　──中国の空間を媒介とした社会・文化的集団 83
家屋の堅牢さと手軽さ──マダガスカルのくらし 101
巨石で屋根を葺いた人々──対馬のくらし 115
ティティカカ湖の浮島の生活──アンデス高原地帯のくらし 133

コラム　トイレよもやまばなし 147

Ⅲ 変わるくらし・変わらないくらし

寺院とともにある住まい──インド・ヴァーラーナシー 155

自然と民間信仰と共に生きる──沖縄の受け継がれてきたくらしとこれから　173
エスニックツーリズムと居住文化──インドネシア・トラジャ族　189

著者の推薦する1冊　207
執筆者紹介　210

はじめに

　世界にはさまざまな「人々の暮らし」があり，これらによって，多様な「生活のカタチ」が形成されている。また，「生活のカタチ」には，その土地の気候風土やそこにつくられる住居，あるいは習俗習慣，生業，信仰など，人々の生活そのものと言うべき要素が関連している。

　本書はこうした「人々の暮らし」と「生活のカタチ」(本書では，これを「居住文化」と呼ぶことにする) に関連する事象を学ぼうとする学生諸君や，これに興味を持つ一般読者の方々を対象に，各地における居住文化を，わかりやすく解説することを目的とするものである。また，読者自らが各地における居住文化の多様性を理解し，自らの居住文化と比較・考察するきっかけを示そうとするものである。

　ただし，このような居住文化は，それを見る際の立ち位置によって，さまざまな切り取り方ができよう。

　今から半世紀ほど前の1964年，ニューヨーク近代美術館で，バーナード・ルドフスキー[1]による「建築家なしの建築 (Architecture Without Architects)」展が開催された。この展覧会は，世界各地から収集された自然発生的な建築物[2]の写真を展示したものである。一方で，当時は欧米を中心に，建築家が設計した新しい考え方に基づく建築物の優位性に注目が集まっていた。ルドフスキーはこうした近代建築至上主義の社会的風潮[3]に対して，建築家が介在しない，人々の生活の中から立ち現れてくる建築物の豊かさを鮮やかに描いてみせたのである。

1) バーナード・ルドフスキー (1905〜1988) 1905年にウィーンに生まれたアメリカ人建築家。1958年のブリュッセル万国博覧会アメリカ館の設計などで知られる。エッセイストとしても名高い。

2) ここでは，建築家によって設計された「作品」としての建築物ではなく，人々の生活の中から必要によって立ち現れてきた建築物の姿を指す。なお，ルドフスキーはこれらの建築物について「包括的に言い表す用語がないので，私たちはそれらの建築を各々の状況に応じて風土的〈vernacular〉，無名の〈anonymous〉，自然発生的〈spontaneous〉，土着的〈indigenous〉，田園的〈rural〉などと言い表すことになる」[ルドフスキー 1984：16] と述べている。

3)「建築家なしの建築」展の主旨は，「建築史の正系から外れていた建築の未知の世界を紹介することによって，建築芸術についての私たちの狭い概念を打ち破ることを目指している。」[ルドフスキー 1984：16]であるが，結果的に本文に記述した風潮に対するアンチテーゼとしても受け止められることとなった。

以降，各地に自然発生的に立ち現れた特有の居住文化（本書では，これを「ヴァナキュラーな居住文化」と呼ぶことにする）に注目が集まり，いくつかの優れた調査と，その報告が行われている（本書の執筆者がそれぞれ推薦する1冊を巻末に挙げたので，参考にされたい）。

しかし，これらはすべて，交通や通信も発展途上にあった当時の人々が，未だ知らぬ多様なヴァナキュラー文化にはじめて接することに対して，意味を持つものであったと言ってよい。

時は流れ，人の暮らす土地に限るなら，今や未知の場所は少ない。いや，ないと言ってもよいかもしれない。テレビのスイッチを入れれば，各地のさまざまな居住文化を紹介する番組が毎日のように放映され，旅行会社のパンフレットには，こうした土地へ向けたパックツアーが並ぶ。旅行者は，自国で使用している携帯電話とパソコンをそのまま片手に持ち，テレビで見たその風景を確認するために，その地へ向かう。何を隠そう，かく言う私も，その一人である。

このような異なる文化に対する接し方は，世界の均質化傾向を招き，それぞれの地の居住文化にも相応の影響をもたらした。したがって，従前に見た「ヴァナキュラーな居住文化」は，もはや従前の「カタチ」のまま，今日に引き継がれてはいない。「人々の暮らし」は変化するものであり，これに伴って「生活のカタチ」も変化するのは，言わば当然のことである。

しかし，それぞれの「ヴァナキュラーな居住文化」が全くなくなってしまったわけでもない。私たちに求められているのは，むしろこうした変化の中にも包含され，なおも継承されてきたヴァナキュラー性を切り取ることであろう。

「今に見るヴァナキュラーな居住文化とは何か？」これが本書の主題である。

本書の著者は40代を中心とした若い世代で構成されている。そして私たちは「建築家なしの建築」をリアルタイムには知らない世代である。だからこそ，先人が行った居住文化に関する調査と，そこに蓄積された知識に敬意を払いつつも，「今に見るヴァナキュラーな居住文化」を私たち自身によって見出すのだ。

　本書には，各著者自らが，それぞれのフィールドに赴き自らの視点で切り取った，ものの見方や考え方がまとめられている。これらの言論は必ずしも一般化が可能なものではないかもしれない。しかし，そもそも多様な居住文化に対する理解は一般化できるものではない。見る者の視点によって，その理解に差異を生ずるのは当然であり，むしろその差異そのものを理解することが求められるのである。

　以上を踏まえ，思わぬ錯誤があればご教示賜りたくお願い申し上げるとともに，本書が読者にとって有意義なものになることを願っている。

　最後に，本書をまとめるにあたり，世界思想社の大道玲子さんには，企画段階から多大なご助言とご尽力をいただいた。心より御礼を申し上げる。

藤木庸介

▓参考文献
ルドフスキー，B. 1984 『建築家なしの建築』渡辺武信（訳）鹿島出版会。

I　移動するくらし

前頁　ゲルの運搬（32頁参照）

「大地」に拡がる住まい
―― カナダ・イヌイトの生き方のかたち

1. 問い――住まいとは何か？

　こうして今，カナダ中部極北圏の先住民，イヌイトの自宅の居間で，この原稿を書いていると，素朴な問いが湧き上がってくる。住まいとは何だろうか。壁と天井と床で囲われた空間だけが住まいなのだろうか。

　外気は−20℃。すべてが凍りついている。しかし，セントラル・ヒーティングで暑いくらいに暖められた3ベッド・ルームの家屋のなか，ダイニング・キッチンと一体化した20畳ほどの居間では，この家屋の主人の古老をはじめ，彼の子どもたちや孫たちやひ孫たち15人ほどがTシャツ1枚で思い思いにくつろいでいる。

　古老はキッチン・テーブルでスノーモービルのエンジン・ピストンを修理しながら，ラジオから流れるイヌイト語のニュースに耳を澄ましている。その古老から指示された道具や部品を取りに，ポーチとリビングをきびきびと行き来する孫の若いハンターの姿が初々しい。その向こう，キッチンの床では，古老の末の息子のハンターとその妻と子どもたちが，床に敷いたダンボール紙の上の魚を車座に囲んで，昼食の真最中だ（図1）。

図1　昼食を楽しむイヌイト

　そうかと思えば，キッチン・テーブルの古老の隣では，彼の次男の熟練ハンターが，妻と息子と一緒にラップトップ・コンピュータでフェイス・ブックの更新に忙しい。そんな周りの様子にお構いなく，その隣の椅子に座るそのハンターの10代の娘は，イヤホンでiPodの音楽を聴きながら，カナダのポップスを口ずさんでご機嫌である。そんなキッチン・テーブルの足下，床に敷かれた絨毯の上で，古老の孫の子ども

たちが，ひ孫の幼児を囲んで大騒ぎをしながらあやしている。その様子にさりげなく注意を払いつつも，居間のカウチに座る古老の長女は，自分の養子の幼児をあやしながらiPadのゲームに夢中だ。

　しかし，そんな古老の娘も，自分の足下，壁に掛けられた60インチ液晶テレビの前で床に座ってアニメを見ながらじゃれ合う数人の子どもたちが，チップスをめぐって喧嘩をはじめると，iPadを放り出し，慌てて仲裁に乗り出す。子どもたちのなじり合いに，「そんなことをするんじゃない」というその娘の声が入り交じる。そうこうするうちに，自分の部屋からのっそりと出てきた古老の三男の熟練ハンターが，喧嘩する子どもたちをからかいはじめ，居間にいる皆がその様子を面白そうに眺めはじめる。そのからかいに耐えきれず，子どもたちが癇癪を起こした途端，固唾を呑んで見守っていた皆がはじけるように一斉に笑い出す。ひとしきりの爆笑の後，その熟練ハンターは居間の大きな窓の前に寄り，その窓から海を双眼鏡で見渡しはじめ，皆もそれぞれ自分の時間に戻ってゆく。

　そんな平和な時間も束の間，防寒装備に身を固めた古老の長男が突然リビングにあらわれ，20kmほど離れた川に魚の網をチェックしに出かけると古老に告げる。そして，古老を補佐していた自分の長男に出漁の準備を促す。その長男がポーチに駆け込んで防寒装備に身を固めるのに5分とかからない。瞬く間に準備を終えて2人が出て行くのを一瞥しながら，窓から海を眺めていた三男が，窓の脇に据えられた無線機のスイッチを入れる。出かけてゆくハンターからの連絡をいつでも受けることができるようにするためである。そんな居間の様子を眺めながら，私は古老の娘が座るカウチの反対側の壁のカウチで，隣に座るその娘の夫のハンターの相手をしつつ，今こうして原稿を書いている。

　喧噪のなかにありながらも，それぞれに周りに気を遣いながら思い思いにそれぞれの時間を過ごすイヌイトの家族が住

まう住み処，その不思議に心地よい空間に身を浸していると，たしかにイヌイトの住まいにいるという実感が私のなかに湧いてくる。しかし他方で，イヌイトのハンターたちは，こうした家屋にいると退屈で仕方がなく，鬱屈した気分になってくるとしばしばぼやく。そして，この家屋のある村

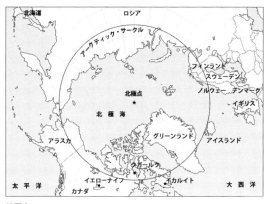

地図1

から「大地 (nuna)」にハンティングに出かけるときにこそ，生きている実感があると言う。実際，彼らが「ホーム」と言うとき，自分たちがハンティングで駆け巡る広大な「大地」を意味しており，自宅のことだけを意味しているわけではない。

しかし，だからと言って，こうした家屋で過ごす時間に彼らが何の愛着も抱いていないわけではない。丸一日，スノーモービルや船外機付ボートで大地を駆け巡った後，ハンティングから戻ってくつろぐ場こそ，こうした家屋であることに疑いはない。重い耐寒装備を解き，温かい魚のスープを呑みながら冷え切った身体を温めつつ，子どもたちが遊ぶ様子を満足げに見つめる彼らの緩んだ表情に，そうした心根をうかがうことができる。私自身も真冬にハンティングに同行した後，この家屋に戻ってくると心底ホッとする。

それでは，いったい住まいとは，住み処とは何なのだろうか。この章では，カナダ・イヌイトの住まいの歴史を振り返りながら，この問いについて考えてみたい。

2.「大地」という住まい
  ——定住化以前のカナダ・イヌイトの生き方のかたち

私がフィールドワークを行っているイヌイトの村，カナダのヌナヴト準州クガールク村は，カナダ中部極北圏のツンド

1) 本章では，本文で詳しく論じるように，「住まい」と「住み処」（住居）を分けているが，この分け方はインゴールド [Ingold 2000] の議論からヒントを得ている。

2) クガールク村のイヌイトの季節周期的な移動生活については，生態人類学の視点から学校教育用に制作された秀逸なドキュメンタリ映画シリーズ「ネツリク・エスキモー・シリーズ」[Balikci 1967] に活き活きと描かれているので，一見することを薦める。

ラ地帯にある。その気候は低温低湿の典型的な極北砂漠気候であり，長く寒い冬（1月の平均気温：−31℃）と短く涼しい夏（7月の平均気温：10℃以下），少ない降水量（年間降水量：230mm）によって特徴づけられる。一年のうちの約一カ月間は，太陽の沈まない白夜と太陽の昇らない長夜である。長い冬季には地表と海面はほぼ一面氷雪に覆われ，短い夏季に現れる地表にも高木は生育しない。地衣類と限られた種類の植物以外には，永久凍土層上の湿原と岩肌が露出するツンドラの光景が広がる。こうした気候と地形のもとに，カリブー（北米トナカイ），ジャコウウシ，ジリス，ホッキョクグマ，オオカミ，クズリ，タビネズミなどの陸棲哺乳類，ワモンアザラシ，アゴヒゲアザラシ，イッカククジラ，シロイルカなどの海棲哺乳類，ホッキョクイワナ，シロマス，マスなどの魚類，カモ，ガン，ハクチョウ，ライチョウ，カモメなどの鳥類が繁殖している。

　こうした環境のもとでクガールク村のイヌイトは，1960年代に定住化するようになるまで，狩猟・漁労・罠猟・採集からなる生業経済を基幹に季節周期的な移動生活を送っていた。一カ所に定住することなく，彼らが「大地（*nuna*）」と呼ぶカナダ極北圏のツンドラ地帯を舞台に，獲物である動植物相の季節周期的変動にしたがって移動をつづける生活を営んでいたのである。この定住化以前の生活様式こそ，数々の民族誌やドキュメンタリ映画に描き出されてきたイヌイトのイメージの原型であり，イヌイト自身が「真なるイヌイトの生き方（*Inuinnaqtun*）」と呼ぶ「イヌイトらしい」生活様式の典型に他ならない［Brody 1975］。そうした季節周期的な移動生活は，かつてモースが指摘したように，12月ごろから6月ごろまでの冬季と6月から11月ごろまでの夏季のサイクルからなっていた［モース 1981］。

　冬季（*ukiuq*）には，海氷上でのアザラシ猟と若干のホッキョクグマ猟が行われ，陸上で生業活動は行われなかった。この時季の住居は海氷上に造られたイグル（*iglu*）と呼ばれる

雪の家であり、ほとんどの生活が海氷上で行われていた。この冬季には、夏季から秋季にかけて分散していた20人から30人ほどの拡大家族集団がいくつか集まり、60人から100人ほどの冬のキャンプ集団がいくつか形成された。拡大家族集団は年長の有能な男性ハンターでイホマタック（*ihumataq*）と呼ばれるリーダーによって率いられていたが、その影響力は拡大家族集団内に限られ、冬季キャンプを統括するリーダーは存在しなかった。

　この冬季キャンプは年間を通じてもっとも大きいキャンプであった。それはこの時季のアザラシ猟には多人数のハンターの協働が必要だったからである。アザラシは哺乳類であるためにエラをもたず、水中では呼吸することができないため、氷の比較的薄い部分に海面に出て呼吸するための呼吸穴をつくる。冬季のアザラシ猟では、この呼吸穴でハンターがアザラシを待ち伏せて狩るが、この呼吸穴は無数につくられるため、同時に多数の呼吸穴で待ち伏せねばならない。そのために多数のハンターの協働が必要とされる。この冬季には、必要に応じて夏季に陸上の石造貯蔵施設に蓄えた干し魚や干し肉も食べられたが、主食は生や煮たアザラシだった。

　その後、7月上旬に海氷が急速に溶け出し、陸上の雪があらかた消えて湖と川の氷が溶け出すと、海氷上のアザラシ猟は終わりを告げて春（*upingaq*）の漁労がはじまる。冬季のキャンプは解散し、20〜30人前後の拡大家族集団ごとに湖や川の漁場の近くに移動する。湖の氷が溶けはじめると開水面が生じるが、そこに集まるマスをヤスで獲ったり、湖から海に群れをなして下るホッキョクイワナを川に築いたヤナで獲ったりするのである。この時季には、南の森林地帯からカリブーが北上してくるため、カリブー猟も行われた。しかし、この時季のカリブーは痩せていて脂が少なく、毛が抜けて毛質が悪いため、積極的に狩られることはなかった。春は漁労の季節であり、獲った魚はその場で食べられたり、三枚におろされ天日で干されて冬の保存食として貯蔵されたりした。

3) イヌイト社会の社会関係の基礎となる社会集団は、イラギート（*ilagiit*）と呼ばれる親族集団であり、そのなかでもイラギーマギクトット（*ilagiimariktut*, 真なるイラギート）と呼ばれる拡大家族集団が日常的な社会関係の単位となる。イラギートは、「どこへ行っても、いずれは戻ってきて、食べ物を分かち合い、互いに助け合い、そして一緒にいる関係にある人々」[Balikci 1989:112] のことであり、イラギーマギクトットは「拡大家族関係にある人のなかでも、同一の場所に住み経済活動などで緊密な協力関係にある人々、すなわち、具体的な社会集団を形成する人々を指す。結果的に、後者（イラギーマギクトット）はエゴの親、兄弟姉妹、妻と子供たち、マゴ、オジ、オバ、祖父母やイトコの人々であることが多くなる」[岸上＆スチュアート1994]。この拡大家族を核に、親族関係を超えて、養子縁組関係などの擬制親族関係、同名者関係や忌避関係などの自発的パートナー関係が結ばれ、拡大家族を核とする複雑な社会関係が生み出される。

この時季の食の中心は生魚，つまり刺身（皮をとっていない生）であった。

　この春を境に夏季（aujaq）がはじまり，11月ごろの秋（ukiaq）にいたるまで，陸上で多様な生業活動がくりひろげられた。海にはアザラシも多数いるが，海上のアザラシは狩るのが難しいため，アザラシ猟は行われなかった。その代わり，海に戻っていた多数のホッキョクイワナが産卵のために群れをなして川を遡上する8月から9月にかけて，ヤナでの漁労が本格化する。それと同時に，ツンドラに分散したカリブーが弓矢で狩られるようになる。弓矢は射程距離が短いため，猟法は待ち伏せと忍び寄りが主だったが，カリブーは警戒心が強いため，猟は容易ではなかった。カリブーはそれほど獲れるわけではなかったが，それでも大量に獲れる魚とともにこの時季によく食べられた。また，ライチョウやカモメが狩られ，その卵やこの時季に実るコケモモやクロイチゴなどのベリー類が採集されて食べられた。そのため，主食は魚でありつづけたが，食の内容はかなり多様で，調理法も魚や肉のスープやカリブー肉の石焼きなど多様であった。

　9月下旬に初雪が降ると，ツンドラに分散していたカリブーが25〜100頭の群れをなして南への季節移動をはじめる。その移動は10月中旬に湖や川が凍りはじめると本格化する。この秋が本格的なカリブー猟の時季である。大群で移動するカリブーの群れは，川が狭くなっているところをはじめ，湖に突き出した岬など，泳ぎ渡る距離が短くなる場所に殺到する。ハンターは，こうした場所で待ち伏せしたり，湖にカリブーを追い込んで泳いでいるカリブーにカヤックで接近したりする方法を駆使しながら，槍や弓矢でカリブーを狩った。この方法は効率的で，多い時には一回の猟で数十頭のカリブーをしとめることができた。こうして獲られたカリブーはそのままで，あるいは煮られたり石焼きにされたりして食べられたが，天日で干されて保存食として貯蔵もされた。また，この時季のカリブーの毛皮は寝具として欠かせないものだっ

た。この季節にも漁労はつづけられ，若干のジャコウウシ猟も行われたが，ジャコウウシはこの地域には少なかったため，大きな比重を占めなかった。この時季の主食はカリブーと魚であった。

　10月下旬から11月にかけて生業活動はほぼ停止し，さまざまな猟場や漁場を点々と移動してきた拡大家族集団は，服づくりのためのキャンプを海岸に設営する。春から秋にかけて漁労とカリブー猟が行われている間，また，海氷上に移ってから3月にアザラシが仔を産むまでの間は針仕事がタブーとなり，この海岸キャンプで1年分の衣服をつくらねばならない。また，この時季は，人々が服づくりの合間を縫って，踊りや歌やゲームに興じる時季でもあった。生業活動は行われなかったが，春から秋にかけて大量に獲れた魚やカリブーの蓄えがあり，年間を通じてもっとも食料が豊かな時季であった。そして，再び冬が訪れ，人々は海氷上の冬季キャンプに戻っていった。

　こうして季節周期的に経巡られる半径100kmほどの生活領域（テリトリー）の全体，すなわち，彼らが「大地」と呼ぶ極北の地域的な環境の全体こそが，字義通りの意味で彼らが住まう場，つまり住まいであった。しかし，もちろん，そうだからといって，彼らが何も人工的な構造物を造ることなくツンドラに直接身を曝して生きていたわけではない。そうして極北の「大地」を経巡りながら，彼らは季節ごとの生活の拠点としてイグルやテントなどの人工的な構造物を設営していた。

3．季節移動生活の拠り所
　　——定住化以前のカナダ・イヌイトの住居[4]

　こうした季節移動生活における冬季の住居であったイグルほど，広く世界に知られたイヌイトの住居はないだろう[5]（次頁図2）。積雪（*aput*）から雪ナイフ（*pana*）で切り取られた縦30〜40cm，横80〜100cm，厚さ10〜20cm，重さ10kgほど

[4] ここでのイグルとテントの記述はスチュアート［1990, 1998］とバリクシ［Baliksci 1989］の記述に基づいている。また，イグルとテントでの日常生活については，先に紹介した「ネツリク・エスキモー・シリーズ」［Balikci 1967］に活き活きと描かれている。

[5] 他の地域のイヌイトは冬季の住居としてイグルに加えて竪穴式住居も築造しており，クガールク村の周囲にも竪穴式住居の遺構が見られるが，現在クガールク村に暮らすイヌイトはそれらを使ったことはないと証言している［スチュアート1998］。そのため，ここでは竪穴式住居については触れないことにする。

図2　イグル（スチュアート ヘンリ撮影）

図3　雪ブロックを積み上げてイグルを造営するハンター（スチュアート ヘンリ撮影）

の雪ブロック（auviq）をらせん状に積み上げ、迫持工法で造られるイグルは、頑丈で保温性に優れ、そこに暮らす4、5人の核家族に、柱のない半球状の暖く使い勝手のよい居住空間を与えてくれる。

このイグルの建材の雪ブロックに使われる積雪は、どんな積雪でもよいわけではない。雪ブロックに使われるのは、均一に積もって風に吹き固められた積雪であり、ちょうど発泡スチロールのように、その内部に微少な気泡が無数に含まれているため、保温性が高い。そうした雪ブロックが上にゆくほど内側に傾くようにらせん状に積み上げられてゆき、最後に天辺のキーブロック（killa）がピタリとはめ込まれると、ブロック全体の重量が半球状の構造体全体に分散され、その上に人間が何人乗ってもびくともしない頑丈なドームができあがる（図3・4）。その内部は直径2～4m、高さ1.8～2mの半球状の空間で、たしかに広いとは言えないものの、内部に柱がないため、居住性は高い。

こうして組み上げられたブロックとブロックの隙間に粉雪が詰められ、出入り口にトクヒョク（tuqhuk）と呼ばれるトンネル状の小ドームの玄関が付設されてイグルが完成すると、その内部は冷たい外気から遮断される。建材の雪ブロックの保温性と相まって、－30℃の外気のもと、どんなに激しいブリザードに襲われても、アザラシの脂で焚かれる石ランプ（qulliq）の小さな炎で、室内は10℃前後にまで暖められる。多くの場合、イグルは雪ブロックが切り出された場所の上に造

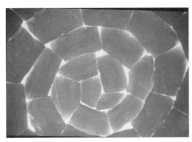

図4　らせん状に積み上げられたイグルの雪ブロック（スチュアート ヘンリ撮影）

られ，内部の床が外の雪表面から一段下がった半地下式の構造になっているため，その保温性はさらに高いものとなっていた。

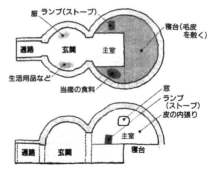

図5　イグルの平面図と断面図［スチュアート 1990］

こうしたイグルの室内では，玄関の反対側の奥半分が床より一段高くなっており，その半円形のプラットフォームにカリブーの毛皮が敷かれて寝台となっていた。その寝台には，玄関の側に枕が置かれ，幼児を挟んで父親と母親が中央に，その両脇に子どもたちが眠りについた。この奥の寝台こそ，核家族がくつろぐ空間であった。そのプラットフォームの前，玄関から向かって左側の床の雪の台の上に石ランプが置かれ，そこで料理が行われた。また，その上に物干し網が掲げられ，そこで湿った衣服が乾かされた。イグルの完成後にドームの上方に切り取られ，ガラスの代わりに氷がはめ込まれた縦横 30〜40cm ほどの窓から入る陽光以外には，この石ランプだけがイグルの灯火であり，暖房であった。

この石ランプを管理するのは女性であるため，石ランプが置かれるプラットフォームの左側半分が女性の領域となっていた。その反対側のプラットフォーム右半分が男性の領域で，その前の台の上に当座の食料が置かれていた。プラットフォームの左半分の縁とその前の床で，妻が石ランプを管理しながら料理や裁縫を行い，その反対側の床で夫が道具の整備や製作を行う。そうした両親の周りで子どもたちが遊び，たびたび訪問してくる来客たちは入り口側の半円形の床で接待された。

こうした核家族単位で住まわれるイグルがいくつか集まって海氷上に設営される冬のキャンプでは，そうした核家族単位のイグルに加えて，カッジギナルク（*qajginaluk*）と呼ばれる公共の集会のための大きなイグルも造られた。そうした大イグルでは，冬キャンプで暮らす人々が集まって，ドラム・

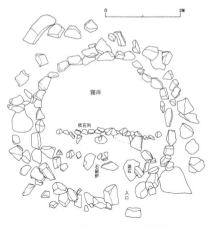

図6　ナパユク（1本柱テント）の平面図［スチュアート 1998］

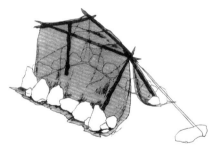

図7　イッチアク（3本柱テント）の概念図［スチュアート 1998］

6）こうしたテントの他に，ヤナ漁の際には簡易テント（ハンナヴィク，hannnavik）が，移動の途中や猟の最中には簡易住居（ヒニクタグヴィク，hiniktarvik）が，一時的な宿泊所として使われていた。

ダンスや会食，シャマンによる儀礼などが行われた。モースが指摘したように，冬は社交と儀礼の季節だったのである［モース 1981］。

こうした冬季とは対照的に，拡大家族集団ごとにツンドラを分散移動する春季と夏季と秋季に核家族単位の住居となっていたのが，ナパユク（napajuk）と呼ばれる1本柱のテントとイッチアク（ittiak）と呼ばれる3本柱のテント（tupiq）である[6]。

古くからクガールク村のイヌイトに使われていたナパユクは，160〜190cmのカナク（kanak，柱）をアザラシ皮製のロープ数本で傘の骨のように放射状に張って立て，縫い合わせた数枚のアザラシ皮もしくはカリブー皮をその上に被せ，直径3〜4mの円上に並べた裾石でその裾を地面に固定することで設営される（図6）。他方で，19世紀後半に他の地域から導入された3本柱のイッチアクでは，入り口になるところにパカウヤク（pakaujak）と呼ばれる2本の柱が逆V字型に160cmほどの高さで立てられる（図7）。さらに，床の中央の後方よりのところにもう1本，180cmほどのカナクが立てられ，その上に80cmほどの横木が置かれる。そして逆V字型の2本柱が交差する頂点部分ともう1本の柱の上の横木に，2本の棟木が渡され，その骨組みの上に，縫い合わせられた8〜15枚のアザラシ皮もしくはカリブー皮が被せられ，長辺3〜6m，短辺2〜4mの不整円形に並べられた裾石で地面に固定される。最後に，逆V字型のパカウヤクの頂点部分から，入り口の前方3〜5mのところに置かれた

岩に1本のロープが張られて完成する。

　どちらのテントの内部にも，入り口から見た奥半分を手前の空間から区切る石列が10〜20cmの石で床の上に渡され，イグルの場合と同じように，毛皮の寝具が敷かれて核家族がくつろぐ奥の半円形の寝床が，入り口側半分を占める作業と応接の場と分かたれていた（図6参照）。ただし，イグルの場合とは異なって寝床は床と同じ高さであり，床が湿っている場合やテントが長期に使われる場合には，寝床となる地面の上にホッキョクヤナギの枝を簡単に編んだマットが敷かれ，その上に寝具が敷かれた。これらテントには煙出しがないため，多くの場合，調理はテント前の野外に石で組まれたイガグヴィク（*igarvik*，キッチン）で行われたが，風の強い日や雨天には，煙が外に出るように入り口脇に組まれた石組炉でも行われた。この石組炉もしくは石ランプを載せる石の台は，入り口から向かって左側に，肉を処理する俎石は右側に置かれた。

　こうしたテントはもちろん，冬季の住居であるイグルも，組み立てや造営が容易で可動性に優れているのみならず，決して広いとは言えないものの，核家族が温かく親密に暮らすに十分な居住空間を提供してくれていた。どちらのテントも建材は持ち運びが容易であり，その組み立てにもあまり手間がかからない。イグルの場合も，どんな積雪でもよいというわけではないとはいえ，建材は周囲に豊富にある積雪であり，男性1人でも1〜2時間ほどで造営することができる。この意味でイグルもテントも季節周期的な移動生活に適しており，「大地」を経巡る生活の拠り所としてイヌイトに温かく親密な空間を提供していた。このように定住化以前のクガールク村のイヌイトの住居は，「大地」という彼らの住まいに溶け込みながら，「イヌイトの生き方」を凝縮していたのである。

4. 変わりゆくものの底流で
——定住生活に息づく大地との絆

しかし，第二次世界大戦以降，カナダ連邦政府が極北圏の領有を国際的に確立するためにすすめてきたイヌイトの国民化政策の影響下，1960年代に政府が設置した学校や医療施設，行政施設の周囲に次第に定住化するようになると，イヌイトの生活様式は大きな変化を余儀なくされた。1960年代の定住化以降，イヌイトはカナダという近代国民国家と産業資本主義経済の世界システムに組み込まれ，急激な社会・文化の変化を経験してきた。学校教育制度，医療・福祉制度，法制度，貨幣制度などの浸透を通してカナダという国民国家へ同化・統合され，毛皮や手工芸品などの販売や賃金労働を通して資本主義経済の世界システムにますます依存するようになり，1970年代以降になると，マスメディアを通して流入するアメリカ合衆国やカナダの主流社会の消費文化の波に洗われるようになっていったのである。[7]

7) クガールク村のイヌイトの歴史と現状については，別稿[大村2013]で詳細に紹介したので参照願いたい。

図8 夏のクガールク村

図9 冬のクガールク村

その結果，今日のクガールク村のイヌイトにとって，もはやイグルやテントは生活の拠り所ではなくなってしまった。たしかに今日でも，イグルは冬季の緊急の避難所として依然重要であり，イグルを造営する技能はハンターに必須の技能の一つでありつづけている。また，毛皮製のテントは姿を消し，カンバス製のテントに取って代わられたものの，数日間に及ぶハンティングや春と夏の狩猟キャンプでテントはひんぱんに使われている。しかし，冒頭で紹介したよう

に，今日のイヌイトが生活の拠り所とする住居は，定住村落にある完全電化されたセントラル・ヒーティング完備のプレハブ家屋である（図8・9・10）。その家屋には，冷凍庫や冷蔵庫，洗濯機や乾燥機，電子レンジはもちろんのこと，パソコンやケーブル・テレビ，DVD，iPad，iPod，スマートフォンなどの電化製品が溢れている。行政村落に設けられた発電所は24時間稼働し，航空機や砕氷貨物船の定期便で，ハンバーガーやピザ，チップス，清涼飲料などの加工食品をはじめ，「南」で生産された物品が運び込まれ，スーパーマーケットでいつでも購入することができる。子どもたちは日本のアニメに夢中になり，若者たちはインターネットでの通信販売に狂奔する。

図10　定住村落の住居からイッカククジラ猟に出発するハンターたち

また，狩猟・漁労・罠猟・採集からなる生業活動は，スノーモービルや四輪駆動バギー，船外機付きの金属製ボート，高性能ライフルで高度に機械化されている。その結果，専業のハンターよりも，サラリーマンや季節労働者として働きながら生業活動をつづける兼業ハンターが多くなり，今やウィークエンド・ハンターやヴァケーション・ハンター，アフター・ファイヴ・ハンターが主流になっている。高度に機械化された生業活動を行うためには，機械や燃料の購入と維持のために現金が不可欠になってしまったからである。そうしたハンターたちはカナダ政府からの福祉金や交付金，公共事業に依存しており，ニュースで報じられるグローバルな政治・経済の動向に一喜一憂する。

しかし，こうした状況にあっても，生業活動はイヌイトの生活とアイデンティティを支える基盤としての重要性を失ってはいない。たしかに今日ではそのやり方は大きく変わってしまっており，多くのハンターは賃金労働と生業を兼業している。それでもなお，生業は活発に実践されており，「生業

8）クガールク村の生業活動の現状の詳細については，別稿［大村2013］で詳細に紹介したので参照願いたい。

活動をしないイヌイトはイヌイトではない」とまで言われる［大村 2013］。また，現金収入による加工食品の購入が一般化しているとはいえ，生業活動により得られる野生動物の肉はエスニック・アイデンティティを維持するために必須の「真なる食物（*niqinmarik*）」として愛好され，その肉の分配は社会関係を維持する要の一つとして機能しつづけている［大村 2009，2010，2011，2012，2013，2016；岸上 2007；スチュアート 1992，1995；Wenzel 1991］。この章の冒頭に紹介したように，床に敷いたダンボールの上の肉や魚を車座に囲んで共食する家族の姿は，今日でもありふれた光景である。

　このように生業活動が活発に行われているのは，生業が生存のために資源を確保すること以上の意味をもっているからである。次のイヌイトのことばにあるように，イヌイトにとって生業とは，単に生きるための糧を得る手段にすぎないわけではない。

>　生業は一般的な意味での職業ではない。生業は生き方なのだ。生き方としての生業には，ハンターの指針となる具体的なルールとしきたりがある。そのような不文律が，環境との相関関係はどうであるべきかを教えてくれる。大地との関係を断ち切ってはならないように私たちは教えられている。イヌイトは自然摂理の一部にすぎないということを常に意識している。尊厳，敬意，そして相互の利害関係を守ることが行動の指針であり，環境的な倫理である。
>（先住民運動のリーダーの一人，ピーター・エグネックのことば）
>［Ernerk 1989：23］

　大地は冷たく，広大である。それは荒野だ。容赦がない。無慈悲でさえある。しかし，大地は憩いの場（home）でもある。生命を育み，息づいている。血を流すことすらある。それは我々の母なる大地である。それは美しい。

それは私たちの文化を育む。私たちはその一部であり，それは私たちの一部である。我々は一つなのだ。
(先住民運動のリーダーの一人，ジョン・アマゴアリクのことば)
[Amagoalik 2001：9]

「大地とともにあって幸せなのか」と白人から尋ねられたら，私は「大地とともにあってとても幸せだ」と告げるだろう。そこには動物がいて，何マイルにもわたってよく見わたせる。一見すると不毛に見えるが，そこを旅すれば，動物を見ることができる。生きている動物を見ることは，イヌイトにとって何よりもよろこばしい。
(イグルーリクのハンター，ルイ・アリナルクのことば)
[Brody 1976：195]

　こうしたことばにあるように，イヌイトにとって生業活動とは，極北の環境と密接な関係を取り結ぶことによって，環境と一体化して生きる幸せを実感しながら自らのアイデンティティを確認する実践である。だからこそ，過去半世紀にわたる社会・文化の変容によって生活様式が大きく変化し，たとえ賃金労働だけで生活することが可能であったとしても，イヌイトは生業にはげむのである。生業の実践を通した環境との密接な関係は，今日のイヌイト社会においても，イヌイトがイヌイトとして幸せに生きるための基盤でありつづけている。
　このような意味で，イヌイトにとって極北の環境は，人間と切り離された「自然」を指すわけではない。生業の実践を通してイヌイトがかかわる「大地」は，生態系とイヌイトの社会が分かちがたく絡まり合った生態＝社会的環境である[大村 2008, 2010, 2014]。そして，その「大地」と関係を取り結ぶということは，生態的であると同時に社会的なかかわりに参加しながら，「大地」とともにあるイヌイトになってゆくということである。イヌイトにとって自己と「大地」は一

つであり，「私は私であり，環境である」[Stairs & Wenzel 1992] ということになるのである。

　冒頭に紹介したように，私がお世話になっているイヌイトのハンターたちが，定住村落の家屋にいると退屈で鬱屈した気分になるとしきりにぼやくのは，こうした「大地」との一体感があるからに他ならない。たしかに，定住化からすでに半世紀，季節周期的な移動生活は今日のイヌイトにとって古老の記憶を通して語られる過去の物語であり，イグルやテントではなく，定住村落の家屋こそが生活の拠り所である。しかし，それでも，生業活動を通した「大地」との一体感はイヌイトがイヌイトであることの根拠でありつづけており，「大地」全体こそが彼らの住まいであることに変わりはない。完全電化されたセントラル・ヒーティング完備のプレハブ家屋であっても，依然として「大地」という彼らの住まいに溶け込み，現在でも活発につづけられている生業活動の拠点として機能しているのである。

　このことは，彼らが今日暮らしているプレハブ家屋が住まわれる方法によくあらわれている。たしかに家屋それ自体はカナダによくある住宅である。しかし，その家屋の使われ方には，生業活動の拠点としての性格が依然として色濃くあらわれている。たとえば，私がお世話になっている古老の家屋は，冷気を遮断するために高床式になっており，居住空間の床下全体が1.5mほどの高さの倉庫になっていること以外は，キッチンと一体化した20畳ほどのリビングに，10畳ほどのベッド・ルームが3部屋，6畳ほどのバス・ルーム，6畳ほどの倉庫部屋，6畳ほどのセントラル・ヒーティングの機械室，6畳ほどのポーチからなるごく普通の家屋である。それぞれのベッド・ルームに一人か二人が床を占める点でも，その住居は一般的なカナダの家屋とあまり変わりはない。しかし，ポーチや倉庫部屋，機械室，さらにはそれぞれのベッド・ルームには，防寒装備をはじめ，ライフルや弾薬，銛やヤス，無線機，衛星電話が収納され，いつでも猟に出ること

ができるように整えられている。

　また，こうした家屋の周囲には，スノーモービルや四輪駆動バギー，船外機付の金属製ボートがいつでも出かけられるように整備されて駐機され，家屋の近くに建てられて施錠された小屋には，ジェリィ缶のガソリンや漁網，キャンバス・テント，寝袋，マットレスなど，さまざまな猟の装備が蓄えられている（図11）。さらに加えて，ひんぱんに出かける数ヵ所の猟場には，同じような装備を蓄えた小屋が建てられており，季節ごとの猟の根拠地として，あるいはブリザードに襲われたときなどの緊急の避難所として，心強い備えになっている（図12）。たしかに定住村落の住居を中心とするネットワークのかたちに変質したとはいえ，季節ごとの根拠地は依然として維持されており，そうした小屋のネットワークの中心として，現在の住居も「大地」という住まいの一部として機能しているのである。

図11　定住村落の住居の前でアザラシを解体するイヌイトの夫婦

図12　漁場のキャビン（小屋）で漁の準備をするハンターたち

　このことは，ハンターが猟に出ている最中は，リビングに備え付けられた無線機が常時つけっぱなしにされ，リビングに残るハンターや女性たちが，思い思いに時間を過ごしながらも，ハンターたちの無線交信の様子に耳を傾け，ハンターに助けが必要ともなれば，即座に飛び出してゆく姿にも，うかがうことができる。今日のイヌイトの住居も，住まいとしての「大地」に生きる「イヌイトの生き方」を凝縮しつづけているのである。

5. 「大地」に拡がる住まい
——カナダ・イヌイトの生き方のかたち

このようにカナダ・イヌイトの住まいの歴史と現状をたどってくると，本章の冒頭で投げかけた問いに対する答えが見えてくることだろう。

イヌイトが暮らす住居は，かつてはイグルとテントであり，今日では完全電化されたセントラル・ヒーティング完備のプレハブ住居である。この意味で，たしかに住居は壁と天井と床で囲われた空間のことであり，その人工的な構造物の内部で今も昔も温かく親密な家族の生活が営まれている。しかし，これまでに見てきたように，かつてのイグルやテントの場合であっても，今日のプレハブ家屋の場合であっても，そうした住居は「大地」という彼らの住まいのなかにあってこそ，はじめて活き活きとした住み処となる。そうした住み処としての住居は，定住化する以前には「大地」を経巡る移動生活の季節ごとの拠り所として，今日では「大地」との絆を確かめる生業活動の中心となる拠点として，「大地」という住まいを駆け巡る「イヌイトの生き方」を凝縮しているのである。

この意味で，住まいとは人間が生きて生活を営む場の全体のことであり，イヌイトの場合，それは彼らが「大地」と呼ぶ極北の生活領域の全体にまで拡がっていると言えるだろう。そして，人工的な構造物である住居は，そうした生活の場の全体である住まいでくりひろげられる「生き方」を凝縮する住み処であり，イヌイトの場合，たとえイグルやテントからプレハブ家屋にかたちが変わってしまったとしても，「大地」という住まいで営まれる「イヌイトの生き方」を凝縮している。逆に言えば，人工的な構造物である住居は，そうした生活領域全体としての住まいでくりひろげられる生活の営みから，その生活に溶け込みつつ，その生活を物質的に凝縮するかたちとして立ち上がってくるのである。

それでは，翻って私たち自身の住まいと住み処について考えるとき，こうしたイヌイトの住居は，どのようなことを私

たちに教えてくれるだろうか。イヌイトの住居が「大地」に拡がる住まいで営まれる生き方のかたちを凝縮しているように，私たちが暮らしている住居も，私たちの住まいである生活空間の全体，たとえば私自身であれば大学やサイバー・スペースも含まれる都市空間の全体で営まれる私たちの「生き方」を凝縮していることだろう。そして，そうである以上，私たちにとって住みやすい住居とは，そうした住まいでの生活の営みから立ち上がってくる「生き方」にふさわしい住み処であるに違いない。生活空間の全体に拡がる住まいのただなかで，その生活の営みを凝縮する住み処として住居を考えなおしてゆくこと。このことこそ，私たちに求められているのではないだろうか。

大村敬一

▰参考文献
大村敬一　2008　「かかわり合うことの悦び：カナダ・イヌイトの環境の知り方とつきあい方」山泰幸・川田牧人・古川彰編『環境民俗学：新しいフィールド学へ』昭和堂, pp. 34-57。
大村敬一　2009　「集団のオントロギー：〈分かち合い〉と生業のメカニズム」河合香吏編『集団：人類社会の進化』京都大学学術出版会, pp. 101-122。
大村敬一　2010　「自然＝文化相対主義に向けて：イヌイトの先住民運動からみるグローバリゼーションの未来」『文化人類学』75(1)：101-119。
大村敬一　2011　「二重に生きる：カナダ・イヌイト社会の生業と生産の社会的布置」松井健・名和克郎・野林厚志編『グローバリゼーションと〈生きる世界〉：生業からみた人類学的現在』昭和堂, pp. 65-96。
大村敬一　2012　「技術のオントロギー：イヌイトの技術複合システムを通してみる自然＝文化人類学の可能性」『文化人類学』77(1)：105-127。
大村敬一　2013　『カナダ・イヌイトの民族誌：日常的実践のダイナミクス』大阪大学出版会。
大村敬一　2014　「ムンディ・マキーナとホモ・サピエンス：イヌイトの存在論に寄り添うことで拓かれる人類学の課題」『現代思想』42(1)：134-147。
大村敬一　2016　「他者のオントロギー：イヌイト社会の生成と維持にみる人類の社会性と倫理の基盤」河合香吏編『他者：人類社会の進化』京都大学学術出版会, pp. 229-250。
岸上伸啓　2007　『カナダ・イヌイトの食文化と社会変化』世界思想社。
岸上伸啓＆スチュアート ヘンリ　1994　「現代ネツリック・イヌイト社会における社会関係について」『国立民族学博物館研究報告』19(3)：405-448。

スチュアート　ヘンリ　1990　「イグルー：イヌイットの雪の家」『季刊民族学』14(4)：80-83。
スチュアート　ヘンリ　1992　「定住と生業：ネツリック・イヌイットの伝統的生業活動と食生活にみる継承と変化」『第6回北方民族文化シンポジウム報告』北海道立北方民族博物館，pp. 75-85。
スチュアート　ヘンリ　1995　「現代のネツリック・イヌイット社会における生業活動」北海道立北方民族博物館，『第9回北方民族文化シンポジウム報告』pp. 37-67。
スチュアート　ヘンリ　1998　「ネツリック・イヌイットのテント：民族考古学の実践と課題」石附喜三男先生を偲ぶ本刊行委員会編『時の絆　道を辿る：石附喜三男先生を偲ぶ』石附喜三男先生を偲ぶ本刊行委員会，pp. 549-572。
モース，M.　1981　『エスキモー社会：その季節的変異に関する社会形態学的研究』（宮本卓也訳）未来社。
Amagoalik, J. 2001 What Is This Land? In H-L. Blohm (ed.), *The Voice of the Natives*. Manotick: Penumbra Press, pp. 9-10.
Balikci, A. 1967 *The Netsilik Eskimo Series*. (film)
Balikci, A. 1989 *The Netsilik Eskimo*. Long Grove: Waveland Press.
Brody, H. 1975 *The People's Land: Eskimos and Whites in the Eastern Arctic*. Penguin Books.
Brody, H. 1976 Land Occupancy: Inuit Perceptions. In M. M. R. Freeman (ed.), *Report: Inuit Land Use and Occupancy Project* Vol. 1. Ottawa: Department of Indian and Northern Affairs, pp. 185-242.
Ernerk, P. 1989 Presentation in the session 'Environmental Ethics and Wildlife Harvesting'. In R. Keith and A. Saunders (eds.), *A Question of Rights: Northern Wildlife Management and the Anti-Harvest Movement*. Ottawa: Canadian Arctic Resources Committee, pp. 22-25.
Ingold, T. 2000 *The Perception of the Environment*. London and New York: Routledge.
Stairs, A. and G. Wenzel 1992 "I am I and the Environment". *Journal of Indigenous Studies* 3(1): 1-12.
Wenzel, G. 1991 *Animal Rights, Human Rights*. Toronto: University of Toronto Press.

モンゴル牧畜民と遊牧文化
―― 草原と都市の境を行き来する住まい

1. モンゴル高原の牧畜民
大都市と草原

　広大な草原と家畜の群れ，馬に跨がり駆け巡る遊牧民，白いフェルトの住居と煙突。このようなイメージを持って降り立った中国・内モンゴル自治区（以下，内モンゴル）の省都であるフフホト[1]は，高層ビルが建ち並び，大量の自動車が道路を埋め尽くす，人口200万人を超す大都市であった。一部の建築物にみられる民族風の壁面[2]や看板のモンゴル文字[3]を除けば，中国の一都市として，馴染みのある風景が目に飛び込む（図1・2）。都市郊外へと車を走らせると，ほどなくして草原が姿を現すが，ここでもレンガや日干しレンガで建てられた住居が点在している。大規模な観光地にはゲル[4]（のようなかたちをした建物）がみられるのだが，教科書でみたことのあるモンゴルの伝統的住居ゲル[5]はどこにあるのだろうか。

　大都市近郊にはみられなかった光景に出会ったのは，フフホトから北東へ約600km，シリンゴル盟[6]（以下，シリンゴル）と呼ばれる草原地域へ自動車で横断したときのことである。固定式住居に混じっていくつかゲルがあり，人が住んでいる。海原のようにみえる大草原，家畜，自家製の乳製品，そしてゲル。イメージ通りのモンゴルの暮らしに触れることができ旅の目的が満たされた一方，その生活はもはや少数派で，近い将来消えて行くであろうことが容易に想像できた。特に20世紀以降の激動の時代背景は牧畜民の生活様態の変容を加速化している。伝統的なゲルの消滅過程はその象徴であり，その一方で，新たなゲルの需要を生んでいるのである。

　ここで紹介するのは，異なる文化を持つ人々

1） フフホトの人口は291.2万人，このうちモンゴル族と登録されているのは約23.7万人（約12.3％）である［呼和浩特市統計局 2012］。フフホトは16世紀に建設されて以来，モンゴルの中心都市であった。フフホトを含むモンゴルの都市形成・建築史については，［包慕萍 2005］を参照されたい。

2） 大通りに面する既存集合住宅の立面装飾は，特に自治区成立60周年（2007年）や北京オリンピック（2008年）にあわせて改修され，モンゴル風，イスラム風などのデザインが採用されている（図1）。

3） 内モンゴルでは中国語（漢語）と並んで公用語であるモンゴル語の伝統文字が用いられる。

図1　集合住宅のモンゴル風ファサード〔フフホト〕

図2 モンゴル文字の看板〔シリンゴル〕

モンゴル国ではロシアの影響を受けたアルファベット（キリル文字）が用いられる。写真は，モンゴル国との国境付近の看板。上からモンゴル文字，漢字，キリル文字。

4) 観光地として整備された区域には，レンガやコンクリート造の大型レストランや舞踊ホール，宿泊施設が建設されている。外観や内装はモンゴル伝統模様などがあしらわれているものの，牧畜民の暮らしが再現されているものは少ない。近年では，牧畜民が自ら料理や木製ゲルを用意する民宿型の草原観光も普及しつつある。

5) ゲルというモンゴル語について，本章では，狭義にモンゴル牧畜民の移動式住居を指し，固定式住居と区別して用いる。中国語では包（bao），テュルク語ではユルタとして知られているが，モンゴル諸語を話す地域では「ゲル」もしくは「モンゴルゲル」と呼ぶ。

6) シリンゴル盟は，内モンゴル自治区中央部に位置する。総面積は約

と居住地を接しながら独自の生活を維持してきた中国・内モンゴルの牧畜民の生活とその変化である。そして，ゲルが何を表象しているのかを問いたい。生産方式とともに住居としての伝統的な機能や役割を引き継ぐ術があるのか，あるいは歴史的遺産となるのか。それともモンゴル文化のアイコンへとその姿を変えていくのか。本章では，ゲルを通じてモンゴル遊牧文化の現在と未来を考察する。

モンゴルの国境

　モンゴル諸語を母語とする人々の居住地は主に3つの国に属している。独立国家であるモンゴル国，中華人民共和国の内モンゴル自治区，ロシア連邦を構成するブリヤート共和国である[7]。13世紀のチンギス・ハーン即位後，モンゴル帝国は広範囲に及んだ領域を縮小させながらも独立を保ってきたが，17世紀には，ロシア帝国によるブリヤート併合，清朝による南部と北部に分割した統治が始まると，多くの漢人が北上し農耕化が進行した。その後，1911年の辛亥革命により清朝の勢力が衰えたことを機として，民族統一，独立運動が盛んとなる。1921年にモンゴル人民党による政府の樹立，1924年にはモンゴル人民共和国が成立するが，中国政府およびロシア政府の干渉や結びつきが強かった現在の内モンゴル，ブリヤートの独立は果たされず，それぞれが異なる歴史を歩むことになった[8]。内モンゴルの東部が日本による満州国の一部となった時期や，西部が中華民国の特別行政省へ組み込まれた時期もある。1947年には内モンゴル自治区が成立し，1949年より中華人民共和国の一行政区となった。20世紀には，いずれの国に属したモンゴル人も，時期や内容は異なるものの，それぞれ社会主義化と民主化（市場改革）を経験している。牧畜民の生産方式や生活様態が大転換されたのもこの時期である。

図3 秋の草刈り地と放牧地〔シリンゴル〕

遊牧生活

　モンゴル牧畜民は，モンゴル高原の乾燥帯であるステップ，砂漠気候に属する地域において季節に応じた移動を伴う牧畜を営んできた。モンゴル牧畜民が家畜とするのは，主にウマ，ウシ，ラクダ，ヒツジ，ヤギの5畜で，牧草や水分，塩分を継続的に得られるよう移動する。遊牧とは，このように季節移動を要する牧畜のことを指し，一定の生活圏や放牧圏があり，季節的かつ規則的な遊動をしているものとして，季節遊牧と呼ばれることもある[9]。

　四季に応じた宿営地を移動する時期や期間は地域差があるが，シリンゴルでの例を挙げると，2月末から3月頃にピークを迎える家畜の出産期を春営地で過ごし，その年生まれた家畜が成長する5月下旬から6月初旬頃に夏営地へと移動する。夏営地では，主に搾乳と毛を刈る作業がある。9月頃になると，冬に備えて干し草の確保と家畜を太らせるための臨時的な移動を繰り返す（図3）。11月末頃には季節風を避けるところなど地形や雪の量，牧草の様子をみて冬営地へ移動する。初雪が降ってから移動する場所を決める場合もある。

　また，ホト・アイルと呼ばれる宿営地集団が集合分散を繰り返すことも重要である。ホト・アイルとは，数世帯が集合して宿営地をともにし，共同で牧畜に携わる集団である。モンゴル牧畜民の生業の基本単位となる［尾崎 1997：83-98］。この集団を構成するメンバーは，親族・婚姻関係に基づくことが多いが［Sneath 1999：136-178］，経済的依存関係や，協業に

20万km²であり，そのうち牧草地面積が90％を占める牧畜業の盛んな地域である。人口は約101.2万人，モンゴル族は約31.1万人（約30.7％）である［錫林郭勒盟統計局 2012］。

7）モンゴル諸族は世界に770万人あまりと推定されており，主にチャハル族，オイラート族，ハルハ族，ブリヤート族，カルムイク族がそれぞれ異なる方言や文字を使用している［愛知大学現代中国学会編 2004：3］。行政区でみると中国・内モンゴル自治区に約436万人のモンゴル人が暮らしており，独立国家であるモンゴル国の人口約287万人を超える［モンゴル国統計局 2013］。

8）清朝時代以降，現代モンゴルの独立や分裂の経緯については萩原［1997：87-98, 2009：13-37］，バトバヤル［2002］に詳しい。

9）遊牧の起源や概念については様々な論説があるが，ここでは主に福井［1987：14 図2］およ

図4 ゲルの運搬
ゲルは骨組みとフェルトに分け、荷台に積んでウシもしくはラクダが運ぶ。近年では専ら自動車が用いられる〔シリンゴル〕

図5 ゲルの骨組み〔シリンゴル〕

び稲村［1993：285 図5］に示されている分類を参考に述べる。

10）バイシンとは、「土や煉瓦、木や石で建てられた動かない家、あるいはとがった屋根を持つ家」という意味である［包慕萍 2005：39］。漢語では「板升」と表記するが、語源については漢語・モンゴル語双方の説がある。本章では、主にレンガや日干しレンガ、石造の固定式住居に用いる。

よる労働力の節約等を目的とした関係等、外来のメンバーも含めて再編成される［小長谷 2003：69-106］。ホト・アイルが形成される時期や場所も固定的ではなく、このような流動性の高さは、遊牧における居住空間の特徴である。

　移動式の住居、宿営地の移動、宿営地集団の集合分散といった流動性の高い居住空間において遊牧を営んでいたモンゴル牧畜民であるが、定着化とは、すなわちこれらの特徴が失われることである。定着化の端的な例は、移動式住居であるゲルが、バイシンと呼ばれる固定式住居へ移行していることである。

2. 移動式住居ゲル

　ゲルは、牧畜民が四季に応じて遊牧するのに適応して発達した住居で、容易に組立、解体により持ち運びができる（図4）。木製の骨組み、覆いや幕となるフェルト、それらをつなぐ皮などからなり、大人数人が1～2時間で組み立てることのできるシンプルな構造である（図5）。一見小さなゲルだが、中に一歩足を踏み入れると、その居心地のよさに驚く。決して簡易なテントではなく、組立と解体の容易さ、持ち運びの軽さが追求される一方で、家族が暮らすために十分な居住容積の確保や室内外の装飾、秩序立った空間構成を維持しているのだ。

ゲルの構造と可変性

　ゲルは部材の種類や組み合わせ方により、持ち運びに便利であるだけでなく、大きさや用途を自在に変えることができる。主要な構造部材として、天窓（トーノ）、屋根材（ウニ）、壁材（ハナ）、戸口（ハールガ）がある。柱（バガナ）は構造として機能しない場合もあるが、主要な部材の一つに数えられ

る。ゲルの大きさを決めるのは伸縮式の壁材の大きさと枚数である。緩やかに湾曲させた木材を交差し，その上部が屋根材を受け止める。屋根材のもう一方の端は中央の天窓に差し込まれ，壁材と屋根材全体が天窓を支える[11]。内モンゴルでは4，5枚の壁材，床面積の直径4～4.5m，

図6 家畜囲いになるゲルの壁材（ハナ）〔シリンゴル〕

床から天井までは2～2.5mといったボリュームが一般的である。モンゴル国や内モンゴルの国境付近ではひとまわり大きく，床面積は直径6～7m，壁材の高さは30cmほど高く，比較的大型の家具を配置できる。柱は構造体とは独立した木材の棒で，自重を軽減させるため補助的に天窓を支え，大規模なゲルにはより直径の大きな支柱が複数本用いられる。内モンゴルにおける一般的な生活用ゲルの大きさであれば，柱は構造上不要となるが，「家」や家の中心となる「火」の象徴として讃えられ，婚姻や家畜の出産に関わる儀式に用いられることもある［小長谷 1993：47-51］。モンゴル国では，2本の柱が天窓を支える構造のゲルが広く普及している。

図7 夏のゲル〔シリンゴル〕

骨組みはフェルトで覆われて初めて住まいとなる[12]。フェルトは，覆う場所により細かく種類が分けられ，形も異なる。このフェルトの重ね方で室内温度が調整できる。－40℃にもおよぶ厳しい冬には何枚も重ねて風雪を防御し，保温のため壁材の内側にもフェルトを設える。夏には，地面から20～30cmほどの部分をまくり上げ，通風と採光を確保する（図7）。内側には綿素材の布があてがわれ，その色や模様は壁紙のように室内の雰囲気をつくりあげる。

ゲルの建て方

ゲルは，「内側から外側に，低い位置から高い位置に，西側から東側に，南側から北側に」建てることが原則となる［高・阿日華 2000：136］。ゲル設営は，床面の中央に天窓，まわりに戸口，壁材などを配置することから始まる。壁材を立

11) 中央アジアの比較的東部に居住するモンゴル諸族のゲルでは，直線型の屋根材を用いるため屋根は円錐状になるが，比較的西部に居住するオイラート族（モンゴル諸族），カザフ族，ウズベク族，トルクメン族（テュルク系諸族）では，屋根材の下部あるいは全体が湾曲しているため，屋根はドーム状となる。

12) ゲルの骨組みは各部分に分けて使用することもでき，壁材は即席の家畜囲いになる（図6）。

図8　ゲルに使う紐類
ゲルの骨組みやフェルトをつなぐ紐類は、ただ締めるだけではなく、ゲルを覆うフェルトの装飾にもなる〔シリンゴル〕

ち上げ、その上に屋根材と天窓を持ち上げる。南側の戸口から時計回りに立ち上げ、連結していく。解体の際には手順を巻き戻すようにすれば、効率よく進む。

ゲルの構造材や覆いは、仔ウマのたてがみや尾尻の毛、ヒツジやラクダの毛などを使用した紐類、ウシの皮などを使用した留め具で連結される［高・阿日华 2000：99-112］。なお、最も重要なものとして帯紐が挙げられる。内側に1本、外側に3本用いられるが、特に内側のものは、戸口と壁材をつなぎ壁枠の大きさを固定し、なお屋根材が広がってずれ落ちないようにする役割がある。内側の帯材がしっかりと締まることで、ゲル全体の自重を支え、プロポーションを保つことができる。外側の帯紐は内側の紐を補強し、またフェルトの覆いを固定すること、外観を美しく保つことに寄与する（図8）。

ゲルの空間構成

ゲルの内部は一見仕切りのない一つの空間であるが、そこには家具の配置、着座位置、就寝位置、客人の招き方、禁忌事項に至るまで、数多くの秩序や規範が存在する。

まず、戸口の位置は南もしくは南東へ向けられる。これは、強い北西風を背にして、入口からの吹き込みを避けるためという説［リンチン 1996：83 など］が有力視されているが、日の昇る方角へ向けたという説［Maidar et al. 1976：274-282］もある。[13] 他にも、山の正面が向かないようにするなど、それぞれの地域で自然環境や地形を鑑みた伝承がある。その戸口から最も奥（北側）がホイモルと呼ばれる上位空間で、重要な客人や主人が着座する。また、アブダルと呼ばれる長もちが置かれ、比較的大きく装飾が施されたものは仏座となる。その横には家長である男性の持ち物を入れた長もちを置き、女性や子ども用は東側に置かれる。炊事用具や食器等も東側である。これは着座位置とも対応しており、戸口へ向かって右（西）側には男性、左（東）側には女性や子どもが座る。就寝時には、家族構成や人数によって臨機応変に対応できるが、

13) 戸口の方角が決まっていることで、ゲルの天窓より差し込む光の当たる屋根材の位置で時間を判断するといった日時計としての機能にも言及されている［Maidar et al. 1976：274-282；蓮見 1993：11］。

中央の火へ頭を向けないこと，北もしくは西枕にすることが原則とされている［高・阿日華2000：164-166］。

図9・10は2010年時点でシリンゴル草原にて実際に使用されているゲルである。直径約4.5m，高さは約2.3mで，夫妻と娘1人の3人が暮らしている。20年以上前に夫妻が婚姻した際，譲り受けたもので，かつては娘3人を含めて5人が暮らしていた。中央の炉では暖をとるだけでなく炊事も行われる。原則どおりに奥から戸口へ向かって左（東側）の壁材に炊事用具，鍋等が見えないよう目隠しともなる刺繡入りの布がかかる棚，女性用の棚が続く。2組の寝具は妻と娘のもので，就寝時も東側である。奥の長もちには家族の写真，仏座には仏具の他にも先祖の写真やチンギス・ハーンの肖像画が置かれている。テレビと夫の寝具，ビニール袋にぶら下げられた夫の持ち物が右（西側）にある。1年を通してゲルに暮らす牧畜民の生活においては，こうした空間構成が変わらず息づいていることが分かる。

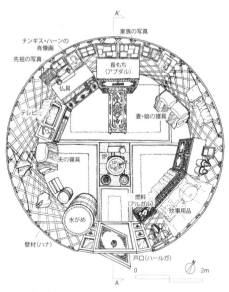

図9　ゲル内部

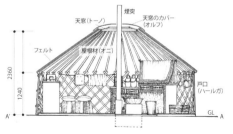

図10　ゲル断面図

このようなしきたりは，ゲルが広大な草原において家族という社会を維持するための装置となることをよく表している。家族の構成員には役割があり，それらを遂行するための動線が重ならず，各自の居場所を意識することができる。わずか12〜15㎡ほどの面積で複数人の炊事，食事，団らん，就寝，

接客などの生活行為が実現するうえ，生活用具が散らかることもない。また，客人として招き入れられた際，公私空間の明快な境がないにもかかわらず，私的空間へ土足で上がり込んでいくような後ろめたさを抱くこともない。それは，訪問者が客人として身を置くことのできる場がはじめから組み込まれているからではないだろうか。移動生活のなかで不必要な構造物はすべて削ぎ落とし，一方で居住性を確保するための秩序を崩さない。これは，遊牧が決して無秩序な遊動ではなく，一定の規則性を持って自然や家畜，人が互いの距離感を保っていることと通じる特徴である。

3. 牧畜民の定着化

生業の変化

冒頭で述べたように，内モンゴルには大都市が存在し，中小規模の都市，農村集落を含めると遊牧生活よりも定住生活をする人口がはるかに多い。これは，17世紀頃より大規模な開墾が進められ，農耕がモンゴル人社会へも浸透したことが契機として挙げられる。また，1949年の中華人民共和国成立以降，社会主義体制に基づく組織形成は，人口を一定の範囲に固定することにつながり，さらには人口の流入と増加により牧畜に要する放牧地面積の縮小と定住拠点の形成が進んだ時期であったといえる。ここでは，移動を伴わない牧畜である「定牧」も広まり始めている。このような政治的・社会的変化のなかでも遊牧生活を営んできた牧畜民に，さらに大きな影響を与えた政治的転換期として，1978年に打ち出された「生産責任制度」の導入が挙げられる。これまで共有であった放牧地の使用権と家畜が各世帯に分配された。その後，放牧地の境界を柵などで囲い込むようになり，各世帯には番地が与えられている。つまり，家畜の成育や自然環境を鑑みた広範囲にわたる移動が事実上不可能となったのであ

図11 レンガ造のバイシン
2000年代になりレンガで建設されたバイシン〔シリンゴル〕

図12 日干しレンガ造のバイシン
1970年代に建設された日干しレンガ造バイシン〔シリンゴル〕

る。牧畜は土地の共有において成り立つとされ［福井1987：14］，このような囲い込みは，土地の私有を前提とする「畜産」へ移行しつつあることを示している。

固定化住居バイシン

バイシンは，寺院建築や農耕化の進んだ地域で早くから導入されていたが，牧畜地域では，1950年代の人民公社化以降，さらにモンゴル国との国境付近では1990年代以降になって急速に広まっている。

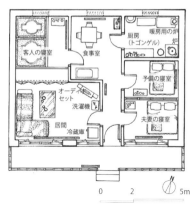

図13　バイシン平面図

地域によって素材やつくりは若干異なるが，河北省や山西省の農村住居の影響を受けていることが多く，日干しレンガまたはレンガの組積造となる（図11・12）。雨の少ない砂漠地域では平屋根，中央部の草原地域では切り妻屋根が主流である。漢人のものを見よう見まねで建てるようになったという地域もあれば，草原奥地まで大工が営業にくるという例もある。初期は，2，3室構成であったが，近年では拡大化しており，カマドではなくキッチンを設置し，リビングにソファ，大型電化製品を揃えていることもある。暖房設備として，ゲルでは中央に炉を配し，主に畜糞や木材を燃やすことにより暖をとっていた。一方，バイシンでは，中国東北部の農村住宅で用いられるカン（炕）が導入され，カマドで発生する蒸気や煙を床下（寝床の下）にまわすものが多くみられる。[14] 近年では，石炭を用いて蒸気を発生させるスチーム暖房も普及している。

一般的に，新たな家族が生まれるとき，すなわち婚姻時に，ゲルを新築する。結婚式の一連の儀式のなかには，新居を舞台にした祝いが含まれる。そのため，ゲルの築年数は夫妻の婚姻歴と重なることが多い。しかし，近年では結婚時に固定式家屋であるバイシンを建築する。図13は新婚夫妻のバイシンである。平面図だけをみると，これが草原にあるのか，

14）ゲルにおいても地中を掘り，外部に焚口を設け，煙道を床下にまわして焚口の反対側に設けた煙突より排気する暖房方法が紹介されている［伊東1943：111］。これは当時の行政公署における定住ゲルである。移動式のゲルでは草原に負荷をかけることを避けるため，このような方式は一般的にみられない。近年では，都市近郊に形成された移民村における定住ゲルにおいて，床面を上げ，カンの暖房方式をとるものがみられる。

図15 散居地域のホト・アイル
1世帯のゲルとバイシン，家畜小屋〔シリンゴル〕

図16 集住地域のホト・アイル
7世帯のバイシンと家畜小屋が集まる〔シリンゴル〕

図14 新婚夫妻のオーディオセット〔シリンゴル〕

都市部にあるのか判別がつかないであろう。ここでは，電力が風力もしくは太陽光でまかなわれるが，蓄電量が足りず，リビングに置かれたオーディオセットが音を発することはない（図14）。しかし，他の電化製品とともに主要な家具として飾られている。なお，北側にはトゴンゲルと呼ばれる厨房が設けられているが，使用するのは冬のみで，家畜小屋と一体になった離れに夏の厨房を有している。そこでは乳製品の加工といった伝統的な生産も引き継がれているのだが，真新しいバイシンには都市生活をそのまま切り取ったような夫妻の志向が表れている。

牧畜集落

　大草原には視野角を大幅に広げなければその姿をつかむことのできない集落のかたちがある。

　まず，近景をみると，遊牧時代，集合と分散を繰り返していたホト・アイルであるが，それらが一定期間留まる宿営地の景観を構成するのは，ゲル，家畜小屋，家畜囲い，家畜つなぎ，畜糞を乾燥させ固めた燃料置き場である。概ね100m圏内に配置されるが，なかには200〜300m以上離れていることもある。「何故あんなに遠くに家畜囲いを置くのですか？」と訪ねると，「ゲルの近くだからですよ」という答えが返ってくる。ここでは200mは「近い」と認識されている。

一方，別の世帯ではゲルから100m以内の位置に生まれたての仔ヒツジを囲う柵を設け，仔ヒツジを見守るため，そのすぐそばに，1, 2人が横になれる程度の簡易なテントを建てて，家族が交代で寝泊まりする。「ここが仔ヒツジにとって暖かいから」という理由である。100mほどでも，その標高や風向き，植生など微地形に応じて家畜囲いの場所を変えている。ゲルを移動させるには「近く」，しかし仔ヒツジを放っておくには「遠い」ことから，100m範囲で分派的移動が起こっているのである。山あいの農村が集落の原風景となっている身には，「遠い」「近い」といった感覚が交錯し，そのスケールをつかむのが難しい。

図17 散居型定住村の放牧地境界

次に遠景でホト・アイルのまとまりをみてみよう。定着化の過程において，ホト・アイルが分散して固定した散居地域と，集合したまま小集落を形成した地域がある（図15・16）。散居地域では1世帯ごとに区画があり，広い場合2km×3km程度で，このなかに井戸や家畜小屋，固定家屋を配する。図17は，一つの村（ガチャ）における世帯ごとの牧地境界線である。かつては生産グループや村単位で放牧する範囲は定められていたものの，草原に物理的な境界が存在することはなかった。しかしこの地域では2000年代に入り，GPSなどを使用した明確な放牧地の分配が始まった。川のそばにホト・アイルが集まっており，その位置を基本として分配を実施した結果，川を挟んで短冊上の区画ができた。村の世帯数と当時の世帯人数に応じて面積が計算されているため，広さは大小さまざまである。この分配に従い，各世帯は境界を金網フェンスや柵などで囲い始めた。図面や空中写真では各世帯の放牧地範囲を認識できるが，実際に草原に立つと，広大に開ける視界にこのような境界が存在するとは認識し難い。ただし，もはや柵で覆われた草原を自在に走ることは不可能で，地元の案内人を雇わなければ出入口をみつけることができず，広大な迷路に迷い込むことになるのである。なお，図18のように，分配された区画のなかで放牧地をさらに分割し，

図18 放牧地内部の土地利用

季節に応じて放牧する場所を調整している。

一方，各世帯の区画が1辺数百mとなるような土地面積の地域では，近隣世帯間の土地境界を曖昧にして放牧地を共同利用している．放牧地を広く利用するためには，7～10世帯程度の住居をひとまとまりになるよう集中させ，固定する．放牧地は共用する一方，各世帯の家畜は私有財産であるため明確に区別され，家畜小屋も分けられている．

ここで注目したいのは，畜糞である．家畜の排泄物であるが，乾燥させたものは煮炊きや暖房に用いる燃料となり，あるいはレンガ状に固めて家畜囲いの柵とするなど構造物の建材ともなる．家畜の種類，排泄された直後と乾燥後，季節によっても呼び名が変化する．シリンゴルでは，ウシの糞を乾燥させたものをアルガル[15]と呼び，主に燃料に用いる（図19）。ヒツジやヤギの糞はホルゴルと呼び，仔羊の寝床に敷いて保温性を高めるなどする．いずれも，祭祀や民間治療に用いられることもある．牧畜民にとって重要な役割を持つ畜糞は，家畜とともに，各世帯の財産となるのである．散居であれば問題とならなかった畜糞の採集や備蓄，維持管理の場所は，密集した定住地において近隣関係を良好に保つための鍵となる．畜糞は，人や家畜の動線，建物配置，世帯間の関係などを読み解く上で主要な集落構成要素である．適切な距離を保たなければ，恵みの資源を奪い合うことになり，あるいは不潔な汚染物と化してしまうからである．

4．新たなゲルの需要

オトル用のゲル

定住拠点を持つ牧畜民の多くは季節移動をすることがなくなった．しかし，定着化による新たな移動も生じている．各世帯に分配された敷地内では，気候や牧草，水源等の条件がうまく確保できない例が多発しているのである．特に近年では，度重なる旱魃から家畜を守るため，土地の境界を超えて数百kmにもおよぶ移動が必要となっている．また，牧畜経

15) アルガルをいかに豊かに，いかに美しく蓄えておくかは，その家の妻の評価にもつながるといわれる．

図19 アルガル〔シリンゴル〕

16) オトルとは，「一部の者が，一部の家畜を連れて，一時的に移動する分派的な移動」を表す言葉として知られている〔小長谷 2001〕．秋の家畜を太らせるシーズンや，旱魃・雪害から家畜を守るために行われることが多い．調査地においては，移動距離や移動する人，移動期間を問わず，定住拠点と異なる場所に放牧拠点を設ける場合，そこへの移動をオトルと呼んでいる．

営が多様化し，定住拠点にバイシンを持ちながらも，牧夫として年間を通じてゲルで生活する牧畜民がいる。このように，定住拠点より分派的な移動をする放牧は，オトルと呼ばれる。

2000年代に入り，骨組み部分が鉄製のゲルが普及し始めている。以前はウシやラクダが引いて移動していたものが，現在はトラックを利用するため鉄の重量が問題にならなくなったこと，木製と比較して10分の1以下の値段で購入できることなどが普及を促進している。鉄製でもフェルトを被せると外見は木製ゲルと大差がない。しかし，内部はひとまわり小さく簡易な内装となる（図20）。一見すると遊牧時代と変わらぬ風景を創出するが，実際には定着化によって需要が高まった臨時移動のゲルなのである。

17) 2010年前後の調査では，木製のゲルが約1万元（当時1元＝約15円），鉄製のゲルは約千元で購入できた。

図20　鉄製骨組みのゲル〔シリンゴル〕

移民村の固定式ゲル

中国全土で押し進められている西部大開発の一環として，2000年代より生態移民政策と呼ばれる環境政策が開始された。これは，砂漠化や牧畜民の貧困への対策を目的としており，指定地域では放牧が禁止され，第二次・第三次産業への生業転換がはかられている。

都市部近郊には移民村が相次いで建設されている（図21）。シリンゴル盟の中心都市郊外に建設された移民村の例をみると，等間隔に配置された30m四方の敷地内には，政府から支給された畜舎はあるが，家族の住居がない。そのため，以前放牧に使用していたゲルを建てている。電気などインフラが整備された村では大型電化製品の導入も可能となった。これらはゲル内におさまりきらず，レンガやコンクリート等で床を上げ，空間を広く確保する工夫がされている（図22）。乳牛飼育への生業転換がはかられたが，軌道に乗らず，鉄製のゲルを購入し，牧夫として他人の家畜を放牧するなどして生計をたてている。

図21　移民村遠景
シリンゴル中心地に近い移民村。レンガ造のバイシンは政府から支給された家畜小屋で，住民はゲルに住んでいる〔シリンゴル〕

図22　移民村の固定ゲル〔シリンゴル〕

18) 生態移民については，その政策内容や影響について数多くの研究や報告がある。小長谷ら[2005]を参照されたい。

図23 オボー祭り〔シリンゴル〕

図24 オボー祭りでのモンゴル相撲〔シリンゴル〕

集落としてはインフラが整備され現代的な住生活への移行が目指されているが，実質的には再び移動生活をしなければ生活が成り立たない状況であり，また，ゲルは仮設住宅としての役割を果たしている。

祭りのゲル

祭りや長寿を祝う儀式，結婚式など伝統的な行事が引き継がれている地域では，数世帯が祭りの運営や客人のもてなしのために美しく装飾されたゲルを用意する。普段は使用していないが，毎年メンテナンスをして維持し続けているという例もある。特に，文化大革命の時代，休止を余儀なくされていたオボー祭り[19]が1990年代以降に復活した例が多く，遠方からの客人の宿泊場所として，祭事を取り仕切る僧侶の接待場所として，また客人に振る舞う食事の調理場として，複数のゲルが活躍している（図23・24）。

立派なゲルを用意できるのは，集落でも限られた世帯であり，いわば「ステイタス」なのである。

19) オボーとは，牧畜民による自然崇拝の一形式であり，土や石などを山形に盛ってそこに柳などの枝をたてたものを指す。山・水・河・風など自然の神を祀る対象として，また，部族や土地の守護神を拝む対象として，転じて土地の境界などを表す道標として，モンゴル牧畜民にとって重要な信仰の場となる。毎年このオボーに司祭や僧侶を呼び，祈りを捧げる。その際，モンゴル相撲や競馬なども奉納される。

5. ウランバートルにみるモンゴル都市民の住居

ウランバートルのゲル地区

ここまで，内モンゴルでの状況を中心に述べてきたが，現代的なゲルの姿として，モンゴル国ウランバートルでのゲル地区にも触れておきたい。モンゴル国においても社会主義体制における集団化，農業化，工業化，都市化，そして1990年代の民主化といった大きな社会経済体制の変革に伴い，牧畜民が定住していく過程を経験してきている。特に首都ウランバートルは，人口の急増に都市基盤の整備が追いつかず，都市の周囲にはスプロール化現象が起こっている。首都への移住者は，自らが草原で使用していたゲルを持ち込み，定住し始めた。その範囲は拡大を重ね，今ではウランバートルを象徴する風景ともなっている（図25）。

ゲル地区では高い塀や扉で囲まれた土地にトタン屋根のバイシンとゲルが並んでいるのをよくみかける。2003年，都市居住者には土地の使用権が分配されたが，それ以降に移住した世帯は使用権を得ることができず，親戚や知人のバイシンが建つ敷地にゲルを持ち込み暮らしている。ゲルの生産が盛んな地域出身でゲル職人の家系である主人は，子どもの進学のため2011年，ウランバートルへの移住を決めた。ゲルの内部だけをみると，伝統的な構造，家具配置，着座位置などにみられる空間構成は，伝統的ゲルの様式となんら変わりはない（図26）。臨時的な仮設住宅としては非常に高い居住性を維持しているといえよう。ゲルがあれば，草原でも都市でも，身軽に移動し，家族の生活拠点をすぐに構築できる。しかしこのように都市部へ移入した牧畜民の一部は，そのままゲル地区内で定住生活を続けている。高級コンドミニアムの建設現場で労働者用の寝床として活躍するゲル，都市の周縁で増殖する固定式ゲル――遊牧という生業とともに発展してきたゲルは，大都市において遊動する人々の生活を包み込むことができるのだろうか。

図25　ウランバートル遠景
建設ラッシュの高層ビルの向こうには山麓のゲル地区がみえる〔ウランバートル〕

図26　ゲル地区のゲル内部
1978年頃，主人の父親によって作製されたゲル〔ウランバートル〕

都市民の夏営地

　ウランバートル郊外には，ゲル地区の他に夏の間のみ賑わうズスラン（夏営地）と呼ばれる住宅地がある。旧ソ連での労働者用保養地を由来とし，1960年頃，労働者やその家族が暮らす保養地として整備された。1990年以降は民主化に伴い個人による住宅の建設が始まり，都市計画の及ばない状況のなかで無秩序に住宅地が広がっていった。ウランバートル都心部より北へ10～15kmほど離れた地域に，約3万8000世帯，およそ15万人が夏の間に居住している［ウランバートル市緑・環境管理局2012］。ゲル地区と混合し，定住人口が多く

図27 ウランバートル中心部の集合住宅
都市住民が暮らす一般的な居住環境〔ウランバートル〕

図28 郊外のズスラン
夏の間は多くの子どもたちが野山で遊ぶことができる。〔ウランバートル〕

を占める地域もあるが，6月から8月の約2カ月強を過ごす場所として知られている。

　土地代が発生しないとあって，大規模な豪邸を自由に建設している例もあるが，大半は小規模な木造住宅で，都心部で集合住宅など現代的な住居に暮らす人々が，わざわざ質素ともいえる居住環境に身を置きに来るのである。子どもたちにとっては学校が休みになる期間を過ごす場所であるが，大人は渋滞する道を片道1時間近くかけて通勤することもある（図27・28）。

　都心部の喧噪や大気汚染から逃れること，子どもたちの安心した遊び場となること，山や川といった自然を身近に感じられることなど，理由は多数挙がるが，季節に応じてより居心地のよい居住拠点（夏営地）へ移動するという発想が根底にあるのではないだろうか。1世帯に一つの土地といった近代的な土地所有と住居の関係性ではなく，複数の生活拠点を持ち，それらを棲み分けることで1年の生活がより彩りを帯びるのである。

6．ゲルにみる遊牧文化とそのゆくえ

　ゲルという長年にわたり培われてきた知恵のつまった小宇宙たる居住空間の存続に思いを巡らせつつ，内モンゴルにおける牧畜民の定着化状況を改めて整理する。土地の使用権を持ち，固定式家屋のバイシンに暮らすことが現代生活の基本と認識されるなか，ゲルはともすれば貧困の象徴と捉えられることもある。オトル用ゲルに住まう多くの牧夫は，自らの土地の使用権を有しておらず，あるいは旱魃による被害を受け，なかには農村地域での貧困から逃れ，出稼ぎをしている例もある。移民村やウランバートルゲル地区をみても，ゲル集落は恵まれた住環境とは言い難い。一方で，ゲルの製作技術は中国政府より無形文化遺産に登録され，一定程度の文化的価値評価がなされているといえよう。祭りのゲルのように，集落を代表する牧畜民が維持管理する富の象徴でもある。こ

のようなゲルを取り巻く環境の二極化において，本来ゲルが有していた生業や生活様式と一体になった機能が発揮されているとはいい難い。

それでは，ゲルはこのまま教科書や博物館，観光地でのみ知り得る過去の伝統的住居になってしまうのだろうか。

ゲルの構造や空間構成でその詳細を示したように，ゲルは最大の特徴でもある移動性のみならず，パーツの組み合わせ方や場面，そこに集う人間関係に応じて，変幻自在にその役割を変える順応性を有している。ウランバートルでゲルをみるたび，大都市の中にあってもその存在感を失わない柔軟性を実感する

悠久の歴史のなかで，自然との対峙のみならず，生産様式や社会組織の大転換，都市化やグローバリゼーションの暴風を直接受けながら住み継がれてきたゲルは，牧畜という生産様式の枠におさまらない遊牧文化の奥行きを感じさせる。自らが能動的に動くことで自然や社会からの恩恵を受け，あるいは危機を脱し，また次の機会に備える。大草原のなかでシェルターのように自然から身を守り，家族の結びつきを強める安心感。自然と一体になり，社会や人々の移動を固定しない流動性。

ゲルは遊牧文化が維持してきた人と自然，社会の最適な相互関係の象徴であると考える。そして，隣家との柵を越え，都市と草原の境を越えることができるゲルは，土地や距離にとらわれない現代的な広がりを持った居住空間と相性がよく，未来の住居に通じる先駆的存在であるといえよう。

野村理恵

※　図5・6は武藤康弘（奈良女子大学）撮影．図15は中山徹（奈良女子大学）撮影。
※　図9・10・13は Diah Wasis Wulandari（北海道大学）作図協力。

参考文献

愛知大学現代中国学会編　2004　『中国21　vol. 19　特集　内モンゴルはいま：民族区域自治の素顔』。

伊東恒治　1943　『北支蒙疆の住居』弘文堂書房。

尾崎孝宏　1997　「現代におけるホトアイルの動態」『日本モンゴル学会紀要』28，83-98。

稲村哲也　1993　「中央アンデス高地の牧畜」佐々木高明編『農耕の技術と文化』集英社。

ウランバートル市緑・環境管理局　2012　「緑・環境管理局の理念」ウランバートル市（モンゴル語）。

小長谷有紀　1993　「儀礼のなかのゲル　あるいはゲルのなかの女性」INAX ギャラリー企画委員会企画『牧畜民の建築術』INAX。

小長谷有紀　2001　「定住化過程におけるモンゴル族の牧畜経営：シリンホト市内の事例から」佐々木信彰編『現代中国の民族と経済』世界思想社。

小長谷有紀　2003　「中国内蒙古自治区におけるモンゴル族の季節移動の変遷：錫林浩特市の事例から」塚田誠之編『民族の移動と文化の動態』風響社。

小長谷有紀・シンジルト・中尾正義編　2005　『中国の環境政策　生態移民』昭和堂。

萩原守　1997　「現代モンゴルへの歩み 1, 2」『アジア読本　モンゴル』河出書房新社。

萩原守　2009　『体感するモンゴル現代史』南船北馬社。

蓮見治雄　1993　「ゲルのコスモロジー」INAX ギャラリー企画委員会企画『牧畜民の建築術』INAX。

包慕萍　2005　『モンゴルにおける都市建築史研究：遊牧と定住の重層都市フフホト』東方書店。

福井勝義　1987　「牧畜社会へのアプローチと課題」福井勝義・谷泰編『牧畜文化の原像』日本放送出版協会。

Sneath, D. 1999 Kinship, networks and residence. In C. Humphrey and D. Sneath, *The end of nomadism?: Society, state, and the environment in Inner Asia*. Duke University Press.

D. Maidar and L. Dar'suren　1976　『Ger: Oron suutsny tuukhen toim（ゲル：住まいの歴史概要）』国立出版所（モンゴル語）。

Ts・バトバヤル（芦村京，田中克彦訳）　2002　『モンゴル現代史』明石書店。

高・阿日華　2000　『乌珠穆沁蒙古包（ウジュムチンモンゴルゲル）』内蒙古科学技術出版社（モンゴル語）。

リンチン　1996　『モンゴルゲルの文化』内蒙古科学技術出版社（モンゴル語）。

錫林郭勒盟統計局　2012　『錫林郭勒盟統計年鑑2012』錫林郭勒盟（中国語）。

呼和浩特市統計局　2012　『呼和浩特市統計年鑑2012』呼和浩特市（中国語）。

モンゴル国統計局　2013　『モンゴル国統計年鑑2012』ウランバートル市（モンゴル語）。

サフランボルの季節住居とその文化
―― 遊牧生活，イスラム，風土の融合

1. トルコの中のサフランボル
サフランボルのあらまし

　トルコ人というと，もとは遊牧民であったということを思い起こす日本人も多いだろう。中央アジアにはトルコ系の民族が数多く住んでいる。現在は多くが定住するようになっているが，彼らもかつては季節に応じて住居を移動する遊牧の民であった。

　トルコ共和国は，黒海，エーゲ海，地中海と三方を海に囲まれた半島に位置する。本章で取り上げるサフランボルは，黒海地方に位置するカラビュック県に属する人口8万人ほどの郡である。北緯41度と日本の青森県と同じ緯度に位置し，7月の平均気温が24℃，1月は3℃，気候は湿った黒海性気候と乾いた内陸性気候の中間にあり，年間を通して降水量も多いことから豊かな森林に囲まれている。

　北から南へ流れるギュムシュ川とアクチャス川が形成した急な渓谷の両脇に都市が広がっている。14世紀の旅行家，イブン・バトゥータも，その旅行記の中でサフランボルについて「ここは丘の上につくられた小都市で，丘の裾野には堀が巡らされ，頂上には砦が建てられている」[Mecdi Emiroğlu 1981：23] と記述している。町は谷の内側にあるので，渓谷の淵へ来ると急に都市が目の前に現れる。中へ入るとラビリンスのように曲がりくねっ

図1　サフランボルの概観

地図1

た坂道を歩くことになるので、まるで大きな都市であるかのような錯覚を起こす。このように起伏のある地形が都市の景観を豊かなものにしているのと同時に、トルコ人の生活形態である季節による住み分けが、冬の間は風が吹き込まない谷の底に住み、夏はわずか2kmほど離れた高台の涼しい地域に移動するというこのまち独自の形態へと変化させた（図1）。

サフランボルの歴史

　サフランボルの繁栄は、黒海のスィノップと、地中海のアンタルヤを南北に結ぶ街道上に位置していたことに起因する。この街道はセルジューク朝時代にはすでにあったようだが、オスマン朝時代にさらに整備され、80km北に位置する港バルトゥンから首都イスタンブルへの出荷も増えた。また、西のスィヴァスから東のイスタンブルへ向かう街道上にあった軍事基地のカスタモヌにも近く、街は重要な宿場町へと成長した。当時、街道筋にはラクダや馬と宿泊できる隊商宿——キャラバンサライが設けられ、馬の蹄鉄や馬具、靴を換えたりしたので、鉄製品や革製品の生産が盛んであった。サフランボルもそのようなキャラバンサライを有する宿場町となり、オスマン朝時代後期に繁栄を極め、趣向を凝らした民家の数々が建てられた。特産品は「イェメニ」という革靴で、これを専門に製造販売するバザール、「イェメニジレル・アラスタス」は現在も残っており、土産物屋になっている。

　第一次世界大戦に敗戦後、オスマン朝は事実上崩壊した。後にトルコ建国の父、アタテュルクとなるケマル・パシャ率いる国民軍が英仏希などの占領軍を駆逐し、独立を守ってトルコ共和国へと生まれ変わった。その後近代化が進む中で、革製品も鉄製品も工業製品にとって代わられ、サフランボルの手工芸品も次々に姿を消していった。1937年、すぐ隣の

カラビュック村に国営の鉄鋼所ができてからは，サフランボルの人口はそちらへ流れ，空き家になった民家には近隣の村の人々が住むようになった。しかし村人たちが昔の生活形態を保って住居をそれほど改造せずに住み続けたこと，そして都市の発展が鉄鋼所のあるカラビュック方面に集中していたことが，後に世界遺産となった街並みの保存に大きく寄与した。1975年には国の保存地区に指定され，1994年にユネスコの世界遺産に登録されたサフランボルの街並みは，今日，国内外の観光客の目を楽しませ，安らぎを与える存在となっている（図2・3）。

1）当時はわずか200戸程の小村であったのが，現在は県庁所在地になっている。

2．サフランボルの生活様式と季節住居
季節による住み分け

トルコ民族は10世紀頃からイスラム教を受容しはじめ，その後大きなイスラム国家を形成した。現在のトルコ共和国の総人口は約7900万人（2015年トルコ統計局）だが，その99％がイスラム教徒である。イスラム教の戒律に加え，遊牧民時代からの生活習慣も残っている。季節によって生活の場を移動していたため，家具は最小限で持ち運べる絨毯やキリムなどの敷物や寝具，台所用具などだけであること，テント生活の名残であるのか，住宅の中央には各部屋に囲まれた，大家族が集まれるスペースがあること，床に「イェル・ソフラス」（図4）というちゃぶ台を置き，床に座って大きな皿から食事をすること，などである。

サフランボルをはじめとするトルコの各地では，かつては「季節による住み分け」を行っていた。これは昔ほど顕著でないにせよ，現在でも部分的に続いており，イスタンブルのような大都会の人々も，夏になればかなり長い期間を別荘や故郷の村で過ごす。最近では地価が高騰し，人口も増えているのでままならないとはいえ，少し前までは都会でも少し郊外に別荘を構えている人が多かった。また，地方では今でも夏は同じ村の中の高原の住宅へ移動して暮らしている。地方

図2　民家の一例。ホテルとして営業しているチェシメリ・コナック

図3　民家の一例。現在は博物館になっているカイマカムラル家

図4　イェル・ソフラスの例。カイマカムラル・エヴィ

都市の市街地に住んで働いている人々は、夏になると車で30分から1時間以内の村に住む父母の家へ移動し、畑で野菜や果物を収穫して保存食を作ったりしている。このため、冬と同じペースでは仕事せず、ゆったりと夏を楽しむ。また週末ごとに別荘へ行き、ピクニックへ出かけ、夜は子供たちを夏だけ営業する遊園地へ連れて行き、家族で野外のチャイ・バフチェスィ（ティーガーデン）へ出かけたりする人も多い[2]。日も長いので夜まで親戚や友人たちとの交流が盛んである。トルコ人は夏には家の外にいる。

このように現在も季節による住み分けは広く行われている。これはトルコ人が遊牧民だった頃に、よりよい条件を求めて移動していた習慣が残っているのだろう。

サフランボルの冬のまち、シェヒル地区

サフランボルでは、谷底の「シェヒル（都市）」地区が商業の中心であり、キャラバンサライや商店、冬の住居もそこにある。観光化が進んだ現在、このシェヒル地区は、もっと親しみやすいバザールや繁華街といった意味の「チャルシュ」という語で呼ばれている。昔は夏は「バーラル（果樹園）」という少し高台になった地区へ移動していた。そこはシェヒル地区から2kmほどの、歩いて30分ほどの距離である。標高は600mほどで、風通しがよく気温も低い。昔はここから馬やロバでシェヒル地区に通っていた。シェヒル地区は渓谷に沿っているので起伏が激しく、住宅の土地も狭い。

ここではあえてオリジナルの呼び名である「シェヒル地区」を使いたい。「都市」を意味するシェヒルという語と「果樹園」を意味するバーラルという語の対比が、このまちの住み分けを語っていると思うからだ。

シェヒル地区では11月から5月頃まで生活する。キャラバンサライや革製品、馬具の商店はすべてこのシェヒル地区にあり、住宅も同じ地区にあるので、せいぜい徒歩10分ほどで仕事へ行くことができた。キャラバンサライ「ジンジ・

2) あえて「カフェ」や「喫茶店」と書かないのは、このチャイ・バフチェスィはそういった店とは一線を画しており、注文さえすれば持ち込みもできる長居が許された野外空間だからである。

ハン」（図5）を中心として都市は発展し，現在まで残っているバザール「イェメニジレル・アラスタス」は，イェメニという革靴の製造販売で栄えた（図6）。原材料である皮革は川の下流にある皮なめし場で生産されていた。汚水を出さない小売業の店が川の上流に配置されていたので，雨が降っても皮なめしの汚水がまちの中に流れることはなかった。

図5 キャラバンサライ「ジンジ・ハン」

サフランボルをはじめとするアナトリアの多くの地方で，住宅は地上階が石造で馬屋や農具，薪置き場になっている。建物部分と庭からなっており，庭は人の背丈以上の石壁で囲まれている。このため，道は街区に沿って壁に挟まれている恰好になる。2階や3階が地上階よりも張り出しているのも，他の国には見られない特徴である。こういったスタイルの住宅は，かつてオスマン朝が支配していた中東や，特にバルカン半島の諸国にも多く残っている。

2階以上は木造の住居である。周囲を豊かな森林に囲まれているため，建具などの木工芸術が非常に発達した。現在もこの地域では木工家具の生産が盛んである。シェヒル地区の住居は土地が狭いため，3階建ての住宅も多い。家の中で最も暖かいのは，天井も低めになっている中間階で，家族の中でも祖母や祖父の部屋になる。最上階には男性客をもてなす「バシュ・オダ（主室）」がある。バシュ・オダには日当たりがよく最も大きな部屋があてられる。

図6 イェメニジレル・アラスタス

冬のまちであるシェヒル地区の最大の課題は暖かさを確保することである。渓谷の斜面に沿って住宅が建て込んでいるので，日照を向上させるために張り出した2階から3階は，時には南側に向かって角度が変わっている。日光を最大限に取り入れるため，壁一面に幅の狭い窓が並んでいる。大きな窓を設けないのは，窓枠が建物の骨組みと一体化しているためである。トルコの木造住宅には日本の木造住宅のような通し柱はなく，独立した箱状の各階が積み重ねられている。

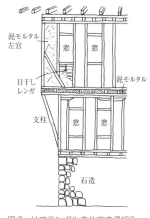

図7 サフランボルの住宅の骨組み

図8 バーラル地区のギョクチェオウル家

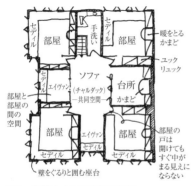

図9 典型的なトルコ民家の平面図

図10 陶器などの置物を飾るために壁にしつらえられた窪み

図7は比較的古いタイプの民家の骨組みである。基礎や地上階が石積みでできていることには変わりがないが、19世紀末頃から、柱が細くなり、数も多くなってくる。19世紀は住宅の建築ラッシュであったので、近くの森林に大きな木が残っていなかったのかもしれない。床板も古い時代のほうが幅広である。通し柱はなく、多くの場合モミの木からなる枠組構造が基本となっている。スラブは泥モルタルで、壁の柱の間を日干し煉瓦で充填する。近世になってからは地元で採れる目の粗い石を充填していた。壁は泥モルタルで下地を作っておいてから、石灰と皮なめし場の廃棄物である毛や麻屑を混ぜた白っぽいモルタルを塗ることが多かった。これが骨組みに使われているモミなどの黒っぽい木と絶妙なコントラストを生み出している。また、白い壁に等間隔で並んだ窓は、外観に小気味よいリズムを与えている（図8）。屋根は近世まで、一度濡れると水を通さなくなる黒松の木の板で覆われていたが、最近はスペイン瓦のような形の瓦になっている。軒の端には瓦止めの板がはめられる。

張り出した上階の下の部分は下階から支柱で支えられ、リズム感のある窓とともにサフランボル民家の独自性の象徴となっている。日光が当たったときに張り出した上階や支柱の作り出す影は、外観に力強いダイナミズムを与えている。

遊牧民時代の名残り

遊牧民時代の名残を示している伝統民家の特徴に、家の中

に疑似的な野外空間「ソファ」を設け，その周りに各夫婦の部屋を配置していることがある。それは一族が集まって共同作業をする，かまどを中心に，家族単位の移動式住居が囲んでいる様を彷彿させる。部屋と部屋との間には，ソファへ外光を取り入れる「エイヴァン」という外部へ開かれた空間が

図12

存在し，部屋同士が直接隣り合わせになるのを妨いでいる。一つの部屋がまるで移動式住居のような独立性とプライバシーを保っているのは，ソファとエイヴァンという空間のおかげである（図9）。プライバシーを守る工夫はこの他にもある。部屋の入り口は，扉を開けると同時に直接部屋の中がすべて見えないように，入ってすぐの壁に押入れ「ユックリュック」を配置し，その両脇に装飾的な壁龕(へきがん)を施している場合もある（図10）。部屋の中心であるかまどの上方には円錐形のフードが取りつけられ，木材で覆われる。かまどの上方に壁龕が設置されることもある。

また，ソファとその周りに配置された部屋の天井には，中心部を強調する木工装飾「ギョベッキ（へそ）」と呼ばれるメダルのような意匠が施されている（図13）。これも移動式住居の天井に空が見える開口部があるのに似ている。中央アジアの遊牧民は移動式住宅のことを「ユルト」と呼ぶが，これはトルコ語では祖国，国という意味である。また，学生寮のこともユルトと呼ぶ。季節によって生活の場を移動させる遊牧民にとって，変わらないのは住む土地ではなく移動して持ち歩くテントのことであり，それを同じ語で祖国と呼んだのも理解できる（図14）。

これら木材による装飾を引き立てるのが，布による装飾である。トルコ各地で手芸は盛んであるが，サフランボルの女性たちも同様で，カーテンや寝具，クッションなどの素晴ら

図11

図11・12：バーラルのエミルホジャザーデ・アフメットベイ家のバシュ・オダ（主室）。比較的古い民家には窓の上にはめ殺しの高窓が存在する。大きな板ガラスがない時代は雨戸を閉めて暗くなった時の明かり取りであったが，次第に装飾的要素を帯びるようになった。

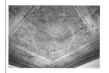

図13 天井の例

図14 遊牧民の移動式住居とその平面図

図15 窓の手すりにも様々なタイプがあり、デリッキ・イシ（布に穴を開けて糸でかがった手芸）のあるカーテンと素晴らしい調和を見せている。外から見ると、両脇に開け放たれた雨戸がまるで額縁のような効果で絵画的な外観を呈している。カーテンやクッションに施される手芸「デリッキ・イシ」の例。

しい作品を次々と生み出している。そういった手芸は、窓辺のセディルに座って、窓の外を眺めながら行われた（図15）。

宗教が反映されたつくり

　遊牧民時代の習慣を反映する住宅の構成要素に加え、イスラム教の要素も加わっているのがトルコ民家の特徴である。1日に5回の礼拝の前には手足を清めなければならない。エイヴァンを仕切った狭い部分などに設置された便所の横に、そのためのスペースが設けられていることがある。イスラム教の礼拝は、サウジアラビアのメッカの方向に向かって行う。イスラム教では、清潔ならばどこでも礼拝できるとされているので、モスクへ行かずに部屋で行うことも多く、その場合セッジャーデという一畳よりも小さい絨毯をメッカの方向へ敷いて行う。部屋にも絨毯やキリムが敷き詰められていて、敷物は暮らしになくてはならないものである。

　宗教上、女性が家族以外の男性に姿を見せることは良しとされておらず、男性専用のセラムルック、女性専用でその家の男性のみが入れるハレムリッキという男女別の居住空間がある。セラムルックへコーヒーなどのもてなしをするために、姿を見せずにサービスができる回転棚が設置された家もある。大きな住宅ではセラムルックとハレムリッキに別々の入り口を設けており、さらに敷地が大きい家では別棟を設置している。家族の生活は主にハレムリッキで営まれ、男性客をもてなすバシュ・オダはセラムルックにある（図16）。

図16 ハレムリッキとセラムルックが別々の入り口になっているバーラル地区のハジ・メミシュレル家

　イスラム教では男女の営みの後には身体を清めなければならない。現在の日本のマンションのように住宅に浴室が一つしかないと、夜中に足音を忍ばせながら浴室へ行くことになるが、トルコの民家には夫婦の部屋に「グスルハーネ」という簡易浴室が設けられていた（図17）。乾燥した地域ならではのつくりだが、普段は押入れや戸棚の役目を果たす「ユックリュック」というスペースであり、中板を外すとそこが行水場に早変わりする。湯はあらかじめかまどで沸かしておく。

図17 簡易式浴場、グスルハーネ

54 / サフランボルの季節住居とその文化

中には，管を通してグスルハーネに流れるようになっている家もある。グスルハーネと台所の排水は庭へ直接流されるが，宗教上食べ物と排泄物の排水を一緒にしてはいけないので，便所の排水は壁から突き出た板のといを通して庭に掘られた穴に流される。

窓の内側，部屋の内部はというと，窓の下に「セディル」と呼ばれる座台が壁一面に設けられており，そこに座ってゆったりと外を眺められるようになっている。窓際は，宗教上，自由に外に出られなかった女性には貴重な空間であった。しかし外から姿を見られてはいけないため，縦長の窓の下半分には「カフェス」という格子が設けられて，外から中が見えないようにするのと同時に，日よけの役割も果たしていた（図18）。

図18　窓とセディルの関係

宗教に関して触れたところで，かつてサフランボルの人口を構成していた，ギリシャ正教徒「ルム」の存在についても触れておかなければならない。文献によってばらつきがあるが，19世紀末のサフランボル全体の人口が8000人ほどあったうち，ルムの人口は4分の1から3分の1ほどであったらしい［ギュナイ2003：14］。ルムは古くから建築に携わっていた人が多く，サフランボルでも石工工事を担当し，シェヒル地区から谷をぐるりと迂回して上がった台地にある，クランキョイ地区に住んでいた。ムスリムとは別地区で住み分けがされていたが，住宅の建築では互いに協力し合っていた。

図19

クランキョイの裏通りに入るとまだ古い民家が残っているが（図19・20），シェヒル地区と違うのは，入り口の扉の枠がレリーフで装飾された石材でできていることだ。中には完全に石造の家もある。また，中を見られないようにしていたカフェスも，もともとなかった。オスマン朝時代はギリシャ正教の教会であったモスクや，修道院の跡もある。かつてトルコ人と共存していたルムは，オスマン朝が敗戦した第一次世界大戦後に調印されたローザンヌ条約での「住民交換」という取り決めで，トルコを去ってしまった[3]。ルムたちがいなく

図20

3）オスマン朝にはキリスト教徒やユダヤ教徒などの非ムスリムがおり，そのうちではギリシャ正教徒のルムの人口が最も多かった。第一次世界大戦にオスマン朝が敗戦した後，トルコ共和国建国の父アタテュルク率いる国民軍が祖国解放戦争に勝利した。その後締結さ

れたローザンヌ条約では，トルコ領内のルムとギリシャ領内のトルコ人を交換する，「住民交換（mübadele）」が採り決められた。サフランボルのルムたちは最後まで抵抗していたが，その多くがギリシャ領のテッサロニキ県スキドラ郡へ送られた。彼らの子孫は現在でもトルコ語を話し続けているという。この時移住させられたルムの子孫と交流が復活したことから，2009年にサフランボルはスキドラと姉妹都市になった。

図21 ラーシットトレル家，夏の家

4）庭で採れる果物には桑の実，ブドウ，すももなどがあり，特に桑の実とブドウは砂糖を加えずに煮詰め，それを布で濾してまた煮詰め，を数回繰り返して作る「ペクメズ」になる。ペクメズは栄養価が高く，冬の貴重な保存食である。また，果物の汁を煮詰めてでんぷんを加え，広げてシート状に乾かした「ペスティル」という保存菓子にする。

5）肉は最初塩も水も加えずにひたすら水分が飛ぶまで炒め，後から塩を加える。熱いうちに瓶

なったクランキョイには，周辺の村や他の地方からの移民が住んだ。彼らがやっていた石工業も，トルコ人がするようになっていった。

夏の季節住宅

　以上に加え，夏の地区であるバーラル地区には夏ならではの工夫が凝らされている（図21）。バーラル地区はシェヒル地区からは3kmほどで，馬やロバを使えば簡単に行き来できる距離にある。このため，男性たちは夏はバーラル地区からシェヒル地区の仕事場へ通った。初夏になるとシェヒル地区からバーラル地区への大移動が始まる。大移動と言っても，昔の住宅には家具があまりないので，敷物や台所道具を持って行くばかりである。これほど近くに夏の家があったのも，起伏のある土地ならではのことで，他の地方では高原の夏の家は冬の家からかなり遠かった。

　バーラル地区はシェヒル地区に比べて土地の起伏が少なく，200mほど標高が高い高台になっているため風通しがよい。土地が平坦なため庭も広く設けられている。土地に余裕があるので，建物の2階以上の階の張り出しもシェヒル地区のもののように斜めになっておらず規則的であることが多い。シェヒル地区と決定的に違うのは，庭に大きなかまどが設けられていることである。これは庭で採れた果物を煮て，保存食を作るのに利用された。さらにトマトを煮詰めてペーストを作ったり，野菜の瓶詰を作ったりと，この大かまどは夏に大活躍する。非常にスペースが必要な保存肉の「カヴルマ」づくりも，この夏の庭で行われた。

　保存食は煮るものばかりではなく，乾燥させるものもあった。日干しするものは庭に向かって開かれたバルコニー状の張り出しや，開放的なソファに吊るす。日蔭干しするものは，ソファや階段の踊り場に一段高くなった部分があり，そこに布を敷いた上に広げる。この一段高くなった部分は，何も置いていないときは子供たちの恰好の遊び場になったことだろ

う。このように，サフランボルには機能的かつ，見た目にも楽しい変化を与えてくれるしかけがある（図22）。

保存食づくりには人手が要ることから，近所の人々が持ち回りで共同で行う。庭のブドウ棚の下に，作業を終えた後に休むスペースがしつらえられている家もある。さらにはトルコーヒーを楽しむためのあずまやが別棟で設けられているところもある。この団らんの空間は，作業後だけではなく，長い夏の夜に親戚や近所の人々が集まって会話を楽しむ場所でもあった。サフランボルの人々はなんと夏を謳歌していたことだろう。現在は冬の家を売って都会へ移ってしまった人もいるが，夏の家は手放さない人が多い。これは故郷に帰って夏を楽しむためなのだろう。

に押し込んで蓋をすると長期間保存できた。冷凍庫がある現在もカヴルマは好まれている。肉の中の塩分が程よく濃くなって，独自の風味がある。

図22　バーラル地区で，階段上のスペースを利用した例

3.　サフランボルが語りかけること

以上，サフランボルの民家と生活を説明してきたが，類似の民家はトルコ全土のみならず，かつてオスマン朝の領土であったバルカン半島や中東にも残っている。しかしサフランボルの素晴らしさは，昔のまちがほぼ完全な形で残っているという点である。サフランボルほど景観に変化があるまちはない。まるで玉手箱の中に納まっているかのように，浮世離れした光景に出くわすと，そこが現代のものだとは思えず目を疑いたくなる。まちの中にキリスト教徒の地区や夏に移動する地区があり，当時の人々はモノトーンの生活とはかけ離れた，変化に富んだ生活を送っていたのだった。様々な文化が融合してできたのがサフランボルのまちと民家であり，我々は現在この偉大な遺産を享受しているのである。

サフランボルのみならず，大家族で住んでいたトルコ人たちは，共同で何かをすることが多かった。家族や親戚の絆は強く，核家族になっても親や親戚同士が同じ地区に住んで子育てや介護などを助け合っている例が多かった。しかし最近は経済成長に焦点をあわせた政策がとられ，大都市の郊外は大型集合住宅の建設ラッシュだ。新興の集合住宅は塀で囲わ

れており，地域とは断絶している。住人は車でゲートを通過するだけで，囲いの外へ徒歩で出ることはほとんどない。この集合住宅の流行は中小都市にまで及んでいる。それまで農作地だった土地を潰して団地を建て，人々は建て込んだ中心街からそちらに引っ越している。それでも中小都市ならば同じ地区に住んでいなくとも行き来は容易であるので，往来は盛んである。ところが大都市ともなると，交通渋滞がある上，仕事も忙しく自分の家族とも一緒に過ごす時間さえなくなりつつある。助け合いたくとも，近所には親戚も信頼できるご近所さんもいない。私生活を保ちながらも共同生活を常としてきたトルコ人が，今は孤独の危機にさらされようとしている。経済性と利便性のみに焦点をあわせたライフスタイルでは，生活を楽しむゆとりもなく日々が過ぎていく。

　サフランボルでの昔の暮らしぶりは，そんな現代人に「安らぎ」を考えさせてくれるものである。住宅のつくりには生活を楽しむ工夫がぎっしり詰まっており，入居する人間が出来合いのしかけに慣れさせられるのではなく，土地の気候，地域性，住む人の生業，信仰，食生活などが考えられた住みやすい空間になっている。サフランボルのまちと民家は，建築空間が美的かどうか，耐久性や利便性があるかといったことだけではなく，地域とその空間を使う人の特性をよく考えなければ安らぎは得られないということを語ってくれているのだ。

安達智英子

▰参考文献
Prof.Dr.Mecdi Emiroğlu 'Korunması gereken örnek bir kent Safranbolu' Dil ve tarihi Coğrafya Fakültesi Basımevi Ankara 1981 p23.
レハー・ギュナイ（安達智英子訳）『サフランボルの民家』p14　YEM 出版，2003年。

北西アフリカにおける遊牧と定住
―― トゥアレグの居住文化

1. 北西アフリカの気候風土と建築の見方

本章では，重層的な文化が点在しているアフリカの北西部を対象に，特に遊牧の生活を営んでいるトゥアレグ族（以下，トゥアレグ）の居住文化を解説する。

居住空間は，「箱もの」としての建築だけではなく，生活行動や家族のあり方を示すものである。しかし，これらの地域の建築は，土着の建築，つまりヴァナキュラーな建築としてのみ捉えられ，そこに様々な歴史，文化の表現や継承が表れるものとしては評価されてこなかったことが多い。そこで本章では，居住文化を二つの切り口で捉えることにした。つまり，様々な生活習慣や文化としての民族性の視点と，気候や風土等の地域性の視点である。そこから，ヴァナキュラーの型にはまった表層的な見方をするのではなく，居住空間に内在する文化的な意味や社会性，あるいは，空間性を解説しようと試みる。

地図1

図1 サハラ砂漠とキャラバン隊

2. トゥアレグの移動式住居（テント）と女性の役割

1. トゥアレグ文化

図2・3　トゥアレグ居住地の様子

トゥアレグ（Touareg, Tuareg）はニジェール，マリ，ブルキナファソ，モーリタニア，アルジェリア，モロッコ，リビア等北西アフリカに居住するベルベル系民族である。定住・半定住の人々も一部あるが，基本的には遊牧民として知られている。定住や半定住型のトゥアレグは北西アフリカのオアシスや都市を拠点としている[1]。神話ではトゥアレグは，リビアのアワジラ（Awijila）オアシスから来たと言われ，民族としての生成時期や出身地は確かではない。さらには民族性も居住地や生活環境によって異なる［Claudot-Hawad 2002］。トゥアレグという名称については複数の説があるものの，一説によると，西洋人がアラビア語の「見捨てられた人々」からつけたもので，サハラ砂漠の北部から来た人々の意味であるという。他方，タルガ（Targa, リビアのフェザーン地方の地名）から来た人々とする説も根強い［Decoudras, Durou 1994］。いずれの説にも共通するのは，アフリカの北部（リビア中心）に移住したアラブ人に追われて北西部のサハラ砂漠に移動したということである。トゥアレグが拠点を移した北西アフリカのサハラ砂漠にはオアシスも少なく，水の拠点を移動しながらの遊牧生活を余儀なくされたと言われる。

トゥアレグは独自の文字ティフィナフ[2]（tifinagh）と言語体系，すなわちタマシェク語，エル・タマシェック[3]（El tamasheq）をもっている［Amessalamine, Elghamis, Salek, Tambo 2006］。そこから，トゥアレグはタマシェク語を話す全ての人々や集団という意味のカル・タマシェック[4]（kal tamasheq）と自称することもある。つまり，自分たちを民族集団ではなく，ベルベル系民族と黒人系民族を含む言語集団と考えていると言えよう。さらにトゥアレグは，自民族のことをイムガール[5]（Imoghar,

1）確かな人口調査はないものの，2013年現在のトゥアレグの人口は推定で300万人とされる。北西アフリカの中でもトゥアレグの人口が最も多いのはニジェール共和国で，その多くは東のアイル山脈地帯に居住している。

2）ベルベル系民族の中で独自の文字をもっているのはトゥアレグのみである。

3）地域によって多少異なるが tamasheq, tamahaq, tamajaq, tawellemmet, tamasgress とも言う。

4）複数形，男性単数形は ag tamasheq, 女性単数形は walat tamasheq。

5）地域によっては Imocharh, Imajirhen など。

自由・誠実や自律の意）と呼んでいる。広い範囲に居住しているため，社会組織，言語と文化の他，各地域の気候，エコシステムに適応した生活様式をもっており，砂漠では主に遊牧を生業とし，南のサバンナ地帯では農業や漁業を行う集団もある。地域によって生活文化は異なる。しかし，こうした地域特性はトゥアレグの社会性とは矛盾しない[6]。

図4　トゥアレグの男性

もう一つのトゥアレグの特徴は男性のターバンである。タマシェク語では，タゲルムスト[7]（Taguelmoust）と言う。トゥアレグにとって，ターバンはアイデンティティの象徴であり，どの地域のトゥアレグにも共通する習慣である。装着の仕方は地域によって異なるが，基本的には，目の部分以外，口や鼻の部分をカバーすることになっている[8]。神話では，ケル・エスフ（Kel Esuf），すなわち悪霊が体内に入らないようにターバンを装着すると言われている［Veth, Smith, Hiscock 2006：267］。しかし，彼らの居住地であるサハラ砂漠の気候を考えると，当たり前の服装であることがわかる。主に外で活動する男性にとっては，日中の高温や日ざしに加えて，日常的または季節的な砂嵐であるハルマッタン[9]から身体を守る意味もある[10]。

図5　トゥアレグの女性

イスラムを信仰する人がほとんどだが，その内容には独自性が見られる。特に，トゥアレグ社会における女性の位置づけや社会的階層等は，北西アフリカに居住している他の民族やイスラムを信仰している他のコミュニティとは大きく異なる。トゥアレグは女系社会で，一夫多妻（4人の妻まで）も見られるものの一夫一妻制が主の社会である。地域によって多少の差はあるが，権力の象徴であるエテベル（Ettebel 陣太鼓）を中心に集結し，その持ち主や管理者は隊長（アメノカル，amenokal）としての役割を担う。アメノカル[11]はトゥアレグの社会組織の中では最高の地位の首長である。首長を中心に，階層化された社会組織が見られ，戦長，貴族戦士（イマシュク，imajeghen），奴隷層（イカラン，iklan），伝統宗教集団であるマラブー（イスラム教指導者）一族（イネスェメン，ineslemen），従

6）　なお，トゥアレグにとって集団，コミュニティ，国家，さらに家を意味することばであるテムスト（Temust）を使って，自分たちの集団を示すことがある［Claudot-Hawad 2002：61］。

7）　直訳すると，ターバンの人々。

8）　もともとは砂漠をラクダで旅するときに，風とともに吹き付けてくる砂塵から顔を守るために布で覆っていたのが習慣化したのではないか。

9）　ハルマッタンはサハラ砂漠で乾期（地域によるが10月から3月）に吹く強風の砂嵐である。吹くときに大量の砂を運ぶので，視界も悪くなるが，吹いた後には涼しく感じることが多い。

10）　なお，青色の服を全身にまとっていることから，トゥアレグは「青の民」とも呼ばれる。

11）　ニジェール共和国などの定住化したトゥアレグ社会ではスルタンと呼ばれる。

属戦士（イムカド，imghad。自由民とも呼ばれる），鍛冶職人（イナダン，Inadan）といった身分区分がある。また，解放された奴隷（ソンガイ語でベッラ bellas, ハウサ語でブズ bouzous）という身分階級を含む場合がある［Kayser 2009：12］。身分によって生活様式，服装，職業や社会的役割等が異なり，混血が進まないように異なる身分間の結婚は禁じられている。トゥアレグは一人の首長を頭とする集団から構成されており，その中に先述の階層化された身分制度がある。奴隷制度がいまだに残っている地域もある。集団内の様々な決めごとは首長に委ねられている。

遊牧民で，かつて移動手段はラクダ，ロバ等しかなかったトゥアレグでは近年，大きな変化が見られる。自動車の所有が増え，それによって井戸を求めての移動が減少し，定住の傾向が見られる。しかし，貿易が主な生活の資を得る手段となっている点は変わらない。

2. テントと女性の世界
(1) テントの文化的社会的意義

トゥアレグのテントは彼らの生活と文化的価値を反映している。テントの仕組みや材料は地域によって異なるが，伝統的なテントの主な構成と考え方は共通している。テントは地域によって皮で作られているものもあり，布やゴザが使われる場合もある。

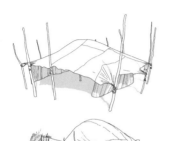

図6　トゥアレグのテント（皮・布・ゴザ）

トゥアレグは基本的には移動して放牧する遊牧民ではあるが，オアシスの周辺等に定住化している集団もある。テントは東南，南西，北西，北東の角に立てられる4本の柱で支えられているが，トゥアレグはそれを円形と認識している。テントの入口は太陽の方向によって決めら

図7　トゥアレグのテントの世界

れ，東側または西側が多い。これは定住型のゴザを使ったテントの場合に多い。移動頻度の高い非定住型テントの場合，柱ではなくアーチ構造が一般的である。また，アーチの数はテントの大きさで変わる。テントは集団内で南北に立ち並んでいることが多く，その場合は西側が生活の拠点になる。つまり，飲食の場，接客の場となり，東側が礼拝の場所となる。また，定住していない場合，

図8　トゥアレグキャンプの台所

井戸，季節的にできる水たまり，川（ニジェール川など）など生活基盤となる水の補給池を拠点として広い範囲にテントが点在することが見られる。

　テントの丸い基礎の部分は丸い地球を，ドームの丸みは天球を，そして4本の柱はその天球を支える柱を象徴している。トゥアレグは天球とそれを支える柱の存在を信じており，テントの屋根に，ペガススの大四辺形をイメージする4つの穴を開けている場合もある。トゥアレグの先祖がテントを作った際，ペガススの大四辺形をモデルにしたと言われている [Casajus 1981]。

(2)　テントと女性の役割

　トゥアレグの地球に関する認識や住居の構造は，社会における女性の立場と深い関係がある [Vautier, Secchi 2010]。トゥアレグの社会では，テントは女性の持ち物である。トゥアレグ社会のみならず，多くのサヘルサハラ地域の遊牧民社会も同様である。女性は，結婚すると，母から自分のテントまたは新しいテントを嫁入り道具として贈られる。夫の集落に母からもらったテントを設置して新たな家族と一緒に生活をはじめ，夫と離婚あるいは死別した場合は，テントをたたんで自分の家族の集落に持ってかえる。一方，男性は，幼児期を母のテントで過ごすとしても，思春期にはテントを，場合によっては集落をも離れなければならない [Casajus 1981]。集落の中心部や郷邑から離れた辺境にある住居（あるいは集団か

ら離れたテントまたは外）を同年代の男性とシェアする場合もある。彼らにとってその住居は仮の住まいに過ぎず，家族が生活するテントの空間構成とは異なる。また，彼らはその住居を寝るためにのみ使用し，日中は，放牧の管理，家畜用の水汲み，家族の使いなどで費やす。結婚するまでテントの中での生活は許されない。しかし結婚しても離婚または死別すれば，思春期の状態に戻る。そういう意味でも，テントは男性の世界ではない。またテントに関する用語も女性に関わる表現が多いと言われている。

男性は多くの悪や悪霊がいるテントの外で過ごすことを強いられ，自分の身を守るためにターバンを巻くという説もある。母親のもとを離れるときが男性にとってターバンを巻きはじめるときであるとされている。一方，女性はテントの中で過ごし，悪霊から守られる。男性はターバンの者（ティジェルマス，tigelmas）と呼ばれるのに対して，女性はテントの者（ティン・ハーナン，tin-hänan，またはティン・ヒーナ，tin-hînân）と呼ばれる。女性はテントの管理者とも呼ばれ，集落が移動するたびテントの解体を行う。家庭内でも女性が強い女系社会であることがわかる。

3. テントの構造とその世界

トゥアレグは，住居をタマシェック語でエハン（ehăn）と呼び，これは家族の生成，発展していく拠点を意味する。前述のようにトゥアレグの伝統的な住居はテント（イレカバン，irekabăn）である。テントには2種類あり，皮でできているエハケト（ehăket）とゴザまたは布でできているエザカン（ezăkăn）に分かれる。テントはトゥアレグの生き方に最も適していると彼ら自身が考えている。

(1) テントの組み立て

テントの方位は設置時の季節，風向き，太陽の方向などによって決定される。いくつかの地域では，南北に設置するこ

とが多い。雨期には，崖の上に，乾期にはワジ（Oueds）の範囲に設置する。

テントの寸法は，人間の身体，特にテントの組み立てを担う女性が基準になっている。

イブラヒム・アグ・モハメド（Ibrahim Ag Mohamed）の "La tente touarègue" によると，テントの広さは多くの場合，長さは6mから7m，幅は2mで，皮でできているテントはヤギまたはヒツジの皮を32枚縫い合わせて作る必要がある。皮を雨や風から守るため，ヤギの油と赤土（タマクソイト，tamăkšoyt）でコーティングする。テントの側面の皮を引っ張るために使われる道具の木材や南北方向にテントを支える半円形に使われる木材（アカシアの根）は女性，つまり母親が提供するものであるとされている。またテントに使われる木材の研磨と塗装，全ての組み立て作業は女性の仕事となるが，木材の調達は男性の仕事となる。テントに使われる2本の棟木（梁）はアラビアゴムモドキで，その加工作業は鍛冶職人（イナダン，Inhăḍān）が担当する。女性が棟木につかまって出産することもあると言われている。棟木と棟木の間に渡した木には，ミルクボウルなど台所用具をぶら下げて収納する。側面を留めるために使われる木製クギは12本で，両側に6本ずつ使われる。テントは長さ1m未満の短いクギ（tisəttuytay）で地面に固定される。

地域によっては，テントは古着を縫い合わせたものでできている。その場合は強度を高めるため，2重にすることも多い。テントの組み立て作業は1時間程度で，解体してラクダまたはロバで運びやすくするため，構成要素はコンパクトにまとめられている。

(2) テントの内部空間構成や配置

テントの内部はタマシェク語でタジウェン（tajiwen）と呼ばれる二つの空間で構成されている。荷物置き場のテジェ・タンイララン（Teje ta-n-ilalān）は空間全体の3分の1を占め

12) 今村薫の「遊牧民トゥアレグの伝統的な住居」はトゥアレグのテントの寸法について言及している［今村2011］。これによると「トゥアレグのテントの各部の大きさは，厳密に決まっている。その長さの単位は，人間の身体の長さを基準にしたものである」という。今村の論文ではその具体的な寸法を以下のように3つに分けて示している。「1) avil（単数形），vilān（複数形）ほぼ，前腕の長さである。尺骨内側顆の頂点から中指の先端までである。2) ajənduf（単数形），ijəndāf（複数形）1 ajəndufは，1 avilより短い。尺骨内側顆の頂点から小指の第一関節までの長さである。3) tărdăst（単数形），tərdasen（複数形）（指を広げた親指の先端から，小指の先端までの長さ）。これらの長さには，もちろん個人差があり，それぞれのテントを作る女性の身体を基準に，その長さが決められる。F夫人の場合，1 avilは46cm，1 ajəndufは35cm，1 tărdăstは18cmであった。」

る。この空間はテントの主(あるじ)である女性，つまり母親専用で，他の空間とは棟木に渡した用具掛けによって仕切られている。その荷物置き場に女性の貴重品や家族の大事なものが保管される [Vautier, Secchi et al. 2010 : 11-16]。服，アクセサリ等を入れる大きなカバン（タサイハト，tăšayhat）もそこに置かれる。温度調節に使われる伝統的なマット（エサバル，esăbăr）や絨毯等もそこに置かれる。それ以外のスペース（テジェ・タンタフォレト，Teje ta-n-taforedt）は家族全員の場所であり，接客場所としても使われる。

4. テントの象徴性と慣習性の狭間

地域によっては，テントの北側は「悪（負）」とされ，夕暮れになると，ケル・エスフ（Kel Esuf）と呼ばれる悪霊（悪い運）がたくさん集まってくると言われている。一方，南側にはたくさんの恵み（祝福）が集まると信じられ，女性の出産時は南側を使う。この考え方は，広く世界や地球の解釈にも適用されており，トゥアレグにとって南部には生活の物資がとれる広大で肥沃な土地があり，北部には砂漠，干ばつや飢餓しかない。夫婦のベッドの中も同様である。男は自分の妻を悪霊から守るために北側に寝る。テント内のスペースに「悪」と「善」の区分があると同時に，「男性らしい」場と「女性らしい」場の区分もある。結婚式の夜，新婚のテントに男は北から入り，女性は南から入るのである[13]。

上述の事例はニジェール北部アガデス地方のケル・フェルワン（Kel Ferwan）の習慣であると，この地域で大規模調査を行ったカザハス（Casajus）の記述にも見られる [Casajus 1981]。しかし，他地域では一般的ではないが，同様にテントの使われ方には方位が深く関係する。トンブクトゥ地方では雨期の風は北から，暑い乾期の風は北東から吹く。そのためテントの入り口は北と南ではなく，東と西にあることが一般的である。午前中は朝日が入らないように西の入口を開け，午後は西日が入らないように東の入口を開ける。結婚式の夜

13) この世界観はサハラ砂漠等の多くの部族に見られる神話——神様がこの世を作ったときに，男を北に，女を南に配置し，それぞれがそれの反対方面に向かって歩き出して，二人は地球の中心で出会う——に基づいて，男女の初接触，婚姻関係を解説している。家と地球の善の部分を女性のものとしているところは多くはない [Smith 2015 : 130]。

は新郎も新婦も午後に開けた東の入口を使う。反対側は悪霊がいるので開けないほうがよいとされている。このように，テントの入り口は地域的気候の影響を受ける。

　トゥアレグ社会の中でエハン（ehān）は家（住居）を意味するほか，世帯，結婚等，時には居住者の社会的バックグラウンドを表すこともある。そこから，小さいテントや大きいテントということばを一般庶民と貴族などを区別するために使うことがある。テントのイメージはそこを支配する女性に対する評価につながるため，女性は常にテントを広く組み立て，きれいに保とうとする。また，テントは女性が一日の大部分を過ごす場所であり，その周辺は家畜を見守る場所でもある。トゥアレグの集落や郷邑では，テントが隣接している場合，それぞれの住人が近い関係（兄妹，血縁関係等）にあることを表す。首長のテントは，規模と位置で他と差をつけている。テントの組み立ては社会的イベントであり，お互いの関係を確かめる機会でもあると言える。女性がテントを縫い，色づけしはじめると，近隣の女性たちが集い，手伝うことも多い。テントの準備作業を行う女性のもとを訪ねるゲストや手伝いをする友人の数で，その女性の社会的位置づけが確かめられる。

3．定住型・半定住型トゥアレグの住居

　以下では，都市化，また生活様式の変容によって，都市部あるいは村落部に定住，半定住しているトゥアレグの住居について紹介する。トゥアレグは遊牧民であると知られているが，サハラ砂漠とその周辺地域では，歴史的にいくつかの都市や村落で定住型の生活を確立してきた集団もある。また，戦士としてのトゥアレグ集団がハウサ族の居住地を征服して，生活の拠点にした例もある。以下では，後者の典型的な事例であるニジェールの

図9　定住型の住居（アラワン）

アガデスの住居について解説する。

1. アガデスの地理的位置づけ

アガデスはサハラ砂漠の玄関口，アイル山脈の南端に位置し，2013年に世界遺産に指定された歴史的都市である。ニジェールの首都，ニャメイから約950km北東に位置する。ニジェールではサハラ最大の都市であり，サハラ交易経由都市として栄えてきた。サハラとサヘルの間に位置することから，山脈から水が流れこみ，生活環境を豊かにしている。

元来，アイル山脈とその周辺には黒人系の人々が居住していたと言われている。7世紀頃まではベルベル人やリビア人が彼らと共存していたが，7世紀から11世紀に，ホガール山脈やリビアのフェザーン地域からこの地域にやってきたトゥアレグが，ハウサなどの先住民を追い出し，アイル山脈とその周辺地域を征服し定住をはじめたとされている。この都市の存在が知られたのは11世紀頃である[15]。

14) 一説によると，段階的に移住してきたようである [Kayser 2009:11-40]。

15) ドイツの探検家で学者のHeinrich Barthの探検紀行に次のように書かれている「アフリカ北部の民族は，黒人アフリカとの交易のため，流通倉庫ともなる巨大な都市を形成した」[Barth 2011]。

2. アガデスの都市構造

アガデスは，設立当時は，トゥアレグキャンプの構造をそのまま維持した集落だったと言われている。スルタンの宮殿，金曜モスクなどが建てられ，現アガデスの旧市街地はまちの核であった。都市は，不規則に複数の住居の集合体が散乱し，その間にある広場，曲がりくねった道や路地の曲線で構成されている。トゥアレグが定住をはじめた当初はテントの集合体であった都市部の集落が，固定の住宅地に変化したと言われている。植民地時代に南北の幹線道路が建設された以外，道の構造は入り組んだ路地のままである。まちは11地区で構成され，各地区に伝統的なチーフ，ゴントス（gontos，最高指導者）が置かれ，管理運営に携わっている。地区ごとの境界は住民たちが把握し，他

図10 アガデスのまち

地域と問題が発生しないような関係性を守っている。また，行政区以外の地区それぞれにハウサ語，タマシェック語，ソンガイ語などで名前が付けられ，そこから住民の出身地や歴史的位置づけが想像できる。いくつかの地区は工芸や陶芸，革製品などの伝統工芸で知られている。[16]

16) 旧市街地には様々な広場が設けられており，まつりの広場，夜市広場，市場，伝統芸能広場などがある。また，他の広場には老人の憩いの場や子どもの遊び場，ロバやラクダを放し飼いにする場所などがある。

3. 住居の空間構成

アガデスのほとんどの伝統的な住居は中庭型住宅であり，スーダン建築用式と呼ばれる建築である。基本的には平家か二階建となっており，屋上がテラスとなっている。住居の高さは3～6mで，比較的天井が高い。窓など入口以外の開口部は小さく，外の光を取り入れない。気温が高く乾燥しており，暗くして屋内の湿度を上げることで，一定の低い温度を保ち室内空間の快適性が上がると考えられた。透かし彫りの欄干が壁に飾られ，ドアフレーム内の浅浮き彫りはアガデス流の装飾となっている。住居によっては，入口の両側に，客や通りすがりの人が腰掛ける土で作られたベンチが設けられている。[17]機能的な役割としては，住居の壁に直接，雨水などの水が流れてきて，水たまりで壁の湿度が上がることを防ぐとも言われている。

17) ハウサ語でダカリ（dakali）と呼ばれる。

アガデスの全ての住居に，一つまたは二つの玄関室（ゾーレ，zauré）が設けられている。ここは，特に訪問客を受け入れ，

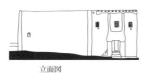
立面図

断面図

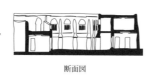
断面図

1階平面図

2階平面図

図11　ジェンネの中庭型住宅

家長が客をもてなす場，家業を行う場所，ものづくり工場，工芸品販売の場として使われる。住居の主要部分，部屋などは，玄関につながる中庭を中心に配置される。中庭は日常生活の場であり，全ての部屋とつながっている。屋上へとつながる階段も中庭の壁にそって設けられている。さらに中庭を囲む複数の部屋の通風や採光を可能にする役割も担っている。

　住居が二階建の場合，家長や家族の部屋は二階に配置されることが多い。また，二つの中庭が設けられている住居もあり，二つ目の中庭は若者や使用人の場所として使われる。住居の外観が平凡で地味に作られるのに対し，内部空間は華やかに装飾することがアガデスの伝統である。装飾には幾何学的な模様や象徴的なモチーフがよく使われる[18]。ヤシの木で作られたベッドやヤシの葉で編まれるゴザ，革製の箱や土器の水瓶が主な家具である。

4. 住居の意義と建設過程の儀式

　住居を建てるのは専用の大工（マガラミ，maghalami）である。「物知りの男」という意味で，家を想像し，実現させるための技術的または呪術的な知識を持つとされる。家を建てる際には，工事開始前，工事中，終了後に必ず宗教的な儀式が行われる。住居の基礎を作るときに，家長はみなに慈善を施し，家族の繁栄を祈る。さらに，お守りや護符を住居の要所（台所，入口など）に埋める。これは住民，つまり家族を保護するためで，悪霊を追い払い，悪の呪文に対抗するためである。アガデスの人々にとって，住居は単なる居住としてのみならず，家族を象徴する重要な場である。住居と家族は密接な関係で結ばれていると考え，住居をグルビ（gourbi）と呼び，家族の生成の場，親も子も生まれた場であるとされる。また人生の大事な段階をこの場で迎え，新婚の者は最初の一週間を過ごす場所とする。拡大家族の場合，全ての女性が，初めての出産は家族の共有する住居で行わなければならない。

18) こうしたモチーフの間に複数の小さな物置用の穴が設けられることもある。

5　住居の建築工法

　アガデスに定住し，拠点を置いたトゥアレグは，定住用の住居の建設技術，材料などはハウサに習うほかなかった。トゥアレグがこの地域にやって来る3世紀も前にハウサが居住していたと言われている［Salifou：46-69］。したがって，この地域の気候や風土に適合する建築材料と工法を試行錯誤の上，確立していたという。そこに外的要因が加わったが，持続可能な居住形態ができたのである。

図12　ジェンネのまち

　この地域で定住型住居に使われている主な建築材料は土（泥）とヤシの木である。伝統的には，泥（バンコ，Banco）を手でこねて作る円錐形の日干しレンガ（現地のことばでkounkou）が使われる［Mahadi］。日干しレンガは横に重ねて並べ，間をまた泥で固め，表面も泥のモルタルで塗られる。泥のモルタルの粘着度や強度を高め，雨水に強くするため，カヤや草を混ぜ，ねかせて発酵させる。伝統的な円錐型の日干しレンガを使用する場合は壁の修理などもしやすいが，近年は多くの建物に型でつくられた長方形の日干しレンガ（ハウサ語でtubali）が使われている。レンガを固め壁の表面に使われるモルタルの作り方は，今も昔も同様である。[19]

　建築に使われるもう一つの材料はヤシの木で，ドームヤシとウチワヤシがよく使われる。3mほどの長さが取れて梁として使われるほか，天井や床などの構造材にも使われる。天井や床は泥のモルタルで仕上げる。ハウサ人は，部屋と部屋の間の開口部に世界でも例の少ないスラットやヤシの木を使った大きなアーク型開口部を作る。アークを交差させ，アーチやドーム型の開口部，天井空間を作り上げることで，質の高い空間にできあがる。こうしたハウサの空間演出は現在でも使われている（図13）。

　伝統は過去に留まるものではなく，社会とともに有機的に

19）　建物の壁などを手で仕上げるため手形が表面に残り，特徴的な模様に仕上がる。この模様は，この地域の建物全体の特徴である。現在のシャープな角が多い建物と比べて，昔の建物は形状が丸く，全体的に柔らかい雰囲気の建築にできあがっている。

図13　住居の天井

変化していく。建設の伝統は時代によって変化しやすいものである。北西アフリカのほかの伝統的な都市（トンブクトゥ・ジェンネ）と比べると，アガデスは変化のスピードが速いまちである。長方形のレンガを導入したことによって，シャープな角が多い立方体の建築物が増えた。しかし，表面のモルタルは伝統的な形式[20]がそのまま残っており，泥の建築のまちとして知られている。

4. ハウサの居住文化
1 ハウサの歴史的背景

トゥアレグの定住社会のもとになったハウサ[21]は北西アフリカの広範囲に居住している民族である。国としては，主にナイジェリアの北部地域やニジェールの南部地域と，ベニン，カメルーン，ガーナ等の西アフリカ諸国の一部に居住している。ハウサ王朝は，アイル山地からトゥアレグに追い出されたヌビア人を祖先とする民族の南への集団移動（Salifou）の途中，さまざまな地域の小集団を吸収したと言われている。

ハウサ社会は階層化された社会であることが知られている。家長（父）の社会的地位や職業によって家が格づけされ，社会的地位と職業が息子に引き継がれる場合も多い。社会の基本は男系であり，血縁や地縁関係にある男女の共同体（ギダ[22], Gida）がその拠点である。共同体の中で，権限やリーダーとしての役割は最も年長の男性（父），マイギダ（Maigida）にある。

ハウサの居住する全域ではハウサ語を共通言語とし，慣習や文化を共有している。アジア・アフリカ語族のチャド諸語の一種であるハウサ語[23]は，西アフリカの多くの国と地域で話されている。ハウサの居住する地域では，商業を中心とした都市文化が広がり，ハウサ以外の民族や周辺地域の人々もハウサ語を主として使用するようになった。ハウサ社会は言語的統一と文化交流のほか，イスラム信仰によっても統一されている。

---

20) 色彩も模様，特に手形が残っている。アガデスは芸術の豊富なまちでもある。それが家の模様や様々な家具のデザインにも表れる。近年，いくつかの建物が近代的になっている以外，それ以外全ての建物は泥でできている。色彩としては，黄土色に赤黄土色など多彩である。

21) ハウサ地域の多くは，11世紀に七つの国家に分裂するまで，女王の王朝によって17代にわたり支配されていた（5世紀にヌビア地方から西アフリカへ移動したと言われている）。

22) 家の意味もある。

23) ハウサ語は現在，言語学的には最も先進的なアフリカの言語の一つであり，最も広く西アフリカで話されている言語でもある。多くの文献はアラビア語のアルファベットで書かれている。

2　ハウサ社会における住居の位置づけ

ハウサ社会では，住居を語るとき，内部空間の室配置を意味する場合と住居を含む周辺との関係性を語る場合がある。都市部に居住するハウサの画地は高い塀に囲まれ，外部に対して排他的である。住居とは家族のプライベートな空間であると同時に社会的空間でなければならないが，住居は個人が居住するのではなく，あるまとまった集団，血縁の集団，共同体の場であるとされている。そのコミュニティ，共同体をまとめる役割を担うのは，前述のマイギダという男性の家長である。住居の持ち主，家長，つまり父の意味もある。

住居は，基本的には，都市部では泥の日干しレンガ，農村ではアワやヒエ等の茎を柵状にしたもので囲まれている。各住居の入口には訪問者を受入れるためのゾーレという玄関室がある。住居の中でそれぞれの構成員は立場に応じてダキ (ɗaki) と呼ばれる部屋が与えられている。外部から直接中庭へのアクセスはなく，玄関室を経由する必要がある。外からは，中庭に集まっている女性や子どもたちを直接見ることができない。場所と地域によって，家長は自分の専用部屋であるトゥラカ (tūrākā, 年寄りの意味)をもつ場合もあるが，もたない場合，夫人たちの部屋を決まったスケジュールで転々とすることになる。夫人たちの部屋は順番に北から南へ並んで配置される。つまり，第一夫人の部屋は一番北に配置し，一番若い夫人の部屋は南に配置される。順番に当たった夫人は，家族の食事や世話をする義務がある。

住居は家族や共同体の共有スペースとして共通のルールやしきたりなどのもとで使用する。そういう意味でギダは，こどもや共同体の構成員にとって，安心できる場所であり，自分たちのアイデンティティを確立させる場所でもある。外部は，家の中との比較で位置づけられ，不安な未知な場所とされる。

ギダはもっと広い意味で使われることもある。つまり，種族の集団という意味である。同じ祖先をもち，同じ価値観や

24）ハウサ社会では，住居は文化的に大きな意味をもっている。サウデ・アリ (Saoudé Ali) は，ハウサ語のことわざに使われる住居の分析を行った。「人間は自分のアイデンティティを確立するスペース，基準にして周りとコミュニケーションをとるスペース等自分を認識するスペースが必要である。そのために，人間は周りのスペースを把握，コントロールする必要がある。この周りの空間はその人間の成長，社会的自立と位置づけを形成するにあたって大きな影響を与えると考えられる。文化的に規定される空間はその人の価値基準，価値判断や世界観に深くつながっている」[Ali 2009]。

25）一夫多妻制である。

図14　玄関室

慣習を共有する人々の集団を意味することもある。さらにその集団の生活ルールを表現する場合もある。

3 ハウサの住居における装飾とその意味づけ
(1) 住居・建物の壁装飾の歴史的・社会的位置づけ

ハウサの住居のファサードは，しばしば豊かな色の，幾何学的なレリーフが飾られている。通常は入口周りのファサードが装飾されているが，所有者のステータスによって，住居全体の外観や時には内部の壁が，アラベスク模様などで装飾されている。

装飾芸術を中心としたハウサの芸術は，イスラム，オリエントやヨーロッパの影響を受けて発展したと言われている。北西アフリカ，サヘル・サバンナ地域では，古くから住居の装飾が広く使われている。住居のみならず，入れ墨，楽器・武器・革製品，マット，生地や染色等に様々な模様

図15・16　ファサード装飾

26) アラビア語からきた言葉で，最高指導者や王位に当たる立場の指導者，司令官のことを言う。イスラム世界に浸透しているため，この地域のイスラム社会でも王に当たる人に使われる。

が使われている。しかし装飾の歴史的な位置づけは明確ではなく，職人や手工芸の担い手が伝承してきたものもある。装飾の発展は，エミール[26]の宮殿やモスク等の内部の専属職人から始まっているとの説もある。こうした職人が，モスクのレリーフの装飾を個人の住居外壁や内装に使ったと考えられる。装飾は最初から複雑な模様だったわけではなく，シンプルな形から始まり，徐々に技術の進歩とともに複雑になり，その多くがイスラム化された。この変化には，職人のみならず，住居の持ち主の意見も重要である。

住居内外の装飾の典型的な事例は，ハウサが多く居住しているナイジェリアのザリアでよく見られる。このまちのレリーフ装飾はシンプルな模様の組み合わせから生まれ，時間とともに発展してきた。現在も見られる多くの模様とその多様

性は，利用者，職人双方の，模様そのものへの理解と見方の変化に関係がある。現在見られる装飾は古くから存在し，破壊されたシンボルを徐々に代替したもので，昔の装飾には，家長の職業や社会的地位がわかるような模様が使われていた場合もある。現在は多くのアラベスク模様が使われている［Echard 1967］。

(2) 装飾における家長の認識と役割

　ハウサの都市型住居の装飾は永久的なものではなく，いつでも作り替えられるものであると認識されている。家長は，社会的身分等が変化するたび，装飾の専門職人，マイシェフ (mai shafe) に頼んで装飾を作り替えるのである。装飾への関心は世代によって異なる。家長の装飾建設に関する役割は，職人との関係性によって変化してきたと考えられる。

　ザリアには二つの大きな装飾のグループが存在する。一つは，泥で作られる伝統的なレリーフである。これを雨から守る方法は，石灰のような材料，ラソ (Laso) かセメントモルタルを上にかぶせることである。装飾は常に伝統的な大工や職人が担当し，レリーフによる装飾はフラニのジハード戦争の前まで存在したと言われている。二つ目は，柔らかいセメントの漆喰（また生コン石膏）を型に入れて，様々な模様を作る手法である。セメントや漆喰を理解する内装や装飾の専門職人が担当しているのが一般的である。マイシェフは伝統的な大工組織に所属しない。1950年代以降に発展してきたものであると言われている。マイシェフは伝統的な大工組織や装飾職人の間に位置づけにくく，工芸職人にうまく利用されてきたのは事実である。しかし近年，特に都市部では需要が減っている。

　もともと装飾は建物についてくるものである。それは，家長やまちのエミールを喜ばせるためであり，まちの中に重要な建物を建てさせてくれたことへの感謝の意を表すものである。また，家長の社会的位置づけ，重要性が装飾に表れるこ

図17　トゥアレグの家畜マーケット

図18　トゥアレグの現在の商売

とを意識して大工や職人が考え行うこともある。職人は世間の注目を浴び，次の仕事につながることを狙って，装飾に力を入れているとも言われている。近年，外壁の装飾はコミュニティに対する社会的メッセージになり，近所とのコミュニケーションの意味合い，家長の社会的地位を表すものであると多くの人は認識している。

5．まとめ

　住居は地域の気候風土と深く関係し，家族あるいは共同体の拠点であると言われる。本章でも，住居は家族の生成，生活行動の場であり，地域文化，伝統や習慣を表象する場であることに言及してきた。住居に使われる材料や住居の空間構成には，地域特性や気候の影響が見られる。特に空間構成は，生活文化との関わりが深いことがわかる。また，住居はその居住者のアイデンティティのみならず，家族の社会的位置づけを伝達するメディア的記号表現であることも明らかである。住居は家族と社会のインターフェースであり，両者の関係を調整する役割を果たしているものであると言える。

　トゥアレグの女系社会では，住居は家族の生成の場であり，中心的な役割を担うのは母であり，女性である。女性によって，空間のみならず住居自体が組み立てられ，解体，再生される。女性の身体によってその家族の住まいの寸法が規定される。家族の機能を果たすための空間配置，空間構造は，女性の住居の中での生活行動によって示される。それに対して，男性は外に所属するものと考えられ，住居の中では役割がほとんどないに等しい。この習慣は，定住するトゥアレグ社会でも同様に見られる。住居やその中の財産は女性のものであり，離婚すれば，男性は女性に住居を明け渡さなければならない。つまり，社会の構造，秩序を含めて女性の意思で作られるのがこの地域社会の特徴である。トゥアレグ社会の居住

文化にまつわる迷信や神話には彼らの世界観が見られ、その中でも女性が住居の中心であることが伝えられている。トゥアレグにとって、住居とは単なる箱ものの住空間ではない。宇宙を表す全てのものが含まれ、小規模の地球が表現されるものである。

　一方、ハウサは、もとは女系であったものの、父系社会へと変化した。ハウサにとって、住居は家長の役割を担う男性のものであり、空間構成、室配置等は家長の意思によって決められる。また、住居は男性の社会的地位を表現するものであり、その家族の安定性や社会階層等を、ファサードの装飾で社会に伝えるメディアの役割を担っている。つまり、住居ファサードの社会の受け止め方が、男性のプライド、社会的位置づけと深く関係する。また、住居は外部から段階的に、パブリックからプライベートへという空間の序列が見られる。住居の呼び名にあるように、ギダ、つまり住居は家族の生成、拠点であり、血縁のコミュニティを集約する場である点はトゥアレグ社会と同様である。

　本章で取り上げた民族集団に共通するのは、家族の成り立つ条件において住居が中心的な役割を果たし、女系か男系かに関係なく、住居は家族生活を営む場だということである。それぞれの住居に求められる文化的・社会的意味は異なっている。住居は民族の世界観を表すものであり、民族の伝統や慣習を維持、保存または継承するために必要不可欠なものなのである。

ウスビ・サコ

参考文献

Hélène Claudot-Haward, *Touaregs – Apprivoiser le désert*, Découvertes Gallimard, 2002, pp. 13-52.

Pierre-Marie Decoudras, Jean-Marc Durou, *Bnjour le Sahara du Niger*, Les Creations du Pelican, 1994, pp. 32-41.

Ahmed Amessalamine, Ramada Elghamis, Emud Salek et Al Moustapha Tambo, *Lexique illustre tamajaq-francais*, APT (UNESCO), 2006.

Peter Veth, Mike Smith, Peter Hiscock eds. *Desert Peoples: Archaeological Perspectives*, Blackwell Pub, 2006.
Claude Kayser, *Agadès la Sainte ou les secrets d'une cite Mysthique*, Coloradoc, 2009.
Dominique Casajus, La tente et le campement chez les Touareg Kel Ferwan, *Revue des mondes musulmans et de la Méditerranée*, 1981 Volume 32 Numéro 32, pp. 53-70.
Maguy Vautier, Jean Secchi, *Femme Touaregue*, L'Harmattan, 2010.
今村薫「遊牧民トゥアレグの伝統的な住居」『名古屋学院大学論集　人文・自然科学篇』第48巻　第1号（2011年7月），9-18頁。
Ibrahim Ag Mohamed, La tente touaregue,
　　http://www.tamasheq.net/la-tente-touar-gue.html（最終閲覧日 2014.10.21）
Andrew Smith, *African Herders: Emergence of Pastoral Traditions*, Alta Mira Press 2015.
Heinrich Barth, *Travels and Discoveries in North and Central Africa: Being a Journal of an Expedition Undertaken Under the Auspices of H.B.M.'s Government, in the Years 1849-1855*, Cambridge University Press, Jun 23, 2011.
Andre Salifou, *Histoire du Niger*, Nathan.
Abdoussalam Mahadi, *AGADEZ, Porte du Desert*, Nouvelle Imprimerie du Niger.
Saoudé Ali, LA NOTION DE « MAISON » DANS LES PROVERBES HAUSA, *Journal des Africanistes*, 2009, pp. 83-97.
Nocole Echard, L'Habitat Traditionel dans l'Ader – Pays Houssa, Republique du NIGER, In: *l'homme* 1967, Tome7 Vol. 3, pp. 50-60.

トゥアレグの定住文化と工芸品

　遊牧を中心としているトゥアレグは家畜の放牧を中心に生活の糧を得ている。また、サハラ交易でも知られているように、ラクダのキャラバン隊商を組んで、岩塩をはじめ、様々な物資を拠点都市の間に運んだと言われている。その当時から、主要都市に定住または半定住を行っているトゥアレグが見られた。都市部に居住しているトゥアレグは商売、工芸の職人も多い。独自の生活習慣や技術レベルの高い伝統工芸をいくつか持っているが、その中でも特に有名なのが「トゥアレグ十字」またはクルワ・デ・アガデス（トゥアレグ語ではTénégelt）と呼ばれる工芸品である。西アフリカ各地でトゥアレグの商人が売り歩いているこの十字架をイメージした工芸品はトゥアレグの地域を表すものであり、22種類も存在すると言われている［Decoudras, Durou 1994］。各種類が一つの居住地を表す。したがって、クルワ・デ・アガデスはニジェールのアガデス地域を代表するものである。十字架をイメージしたこの工芸品の起源には様々な説があり、その中で有力なものは、エジプトのファラオ時代から存在するという説である。また、イスラム教がこの地域に伝わるまでに、キリスト教が伝わった当時から存在しているのである。文化の象徴とも呼ばれるこの「十字架」は父から息子へと代々受け継がれてきたとも言われている。現在、トゥアレグ社会は階層化され、その中で鍛冶屋がこれらの「十字架」を作っている。

写真1・2　トゥアレグの十字架

■参考文献

Pierre-Marie Decoudras, Jean-Marc Durou, *Bonjour le Sahara du Niger*. Les Creations du Pelican, 1994, pp. 53-56.

スーダン建築における玄関の役割

　Vestibule（玄関室）とはロビーやエントランスホールまたは建築の外部空間と内部をつなぐ空間のことを言う。建築史上、同様の空間が現代または古代ローマの建築に存在していたと言われている。近代建築における玄関室とは、エントランスとインテリアをつなぐ小さなホールまたは空間のことを言う。道と建築内部をつなぐ緩衝空間とも言える。また、古代ギリシアの寺院などにも現れている。さらに、5世紀以降、キリスト教寺院にはよく玄関室のような空間が使われていたと言われている。

　マリ帝国やバンバラ王国などで、かつて王様の集会場として使われてきた玄関室（Bulow）は、今でもマリの伝統的な住居では重要な役割を果たしていると考えられる。Kamalen Bulow, Fama Bulow, Bulow Ba, Bulow Ni など、修飾語がつけられることによって、それが集会場、裁判所などの意味を示し、玄関室が住居ではもっとも重要な空間であることを表している。

　一方、イスラム社会では人間関係のあり方や家族のあり方などが重視されている。マリも例外ではなく、人種や宗教あるいは家長の社会的立場によって、住居の空間配置や住居のまちの中での位置づけが異なってくる。特に、玄関室がまだ残っているスーダン様式の建築はその典型的な例である。今でもアトリエ、店、コーラン学校、団欒の場、家長の個室などとして使われており、多様な使われ方が見られる。また、イスラム教を信じる家族にとっては、男性と女性の領域がはっきりと分かれており、その中でも玄関は大きな役割を果たしている。歴史都市の住民は、玄関室が存在しない画地は「家」ではないと語っている。

（ウスビ・サコ）

写真3　ジェンネの住居の玄関室

Ⅱ 「知恵」を生み出すくらし

前頁　浮島の家に電気を供給するソーラー・パネル（139頁参照）

「奇妙」な居住空間での／への「あたりまえ」な態度
―― 中国の空間を媒介とした社会・文化的集団

1. 空間における／に対する態度：感覚，行為，観方

　勤務先の大学にある私の部屋は，ロッカーやキャビネットなどで仕切られた入口付近の空間，高い書棚に挟まれた中央の開けた空間，奥の私のデスクまわりの空間と，おおきく3つの空間に分けられる（図1）。この中央の開けた空間には，おおきめの机と椅子4脚をおき，オフィスアワー，個別におこなうゼミ，学生相談など，学生が私の部屋に来たときにはここで対応している。学生を部屋に招き入れると，私はふだん奥のデスクにいるため，学生が一足さきにこの中央の開けた空間のおおきな机のところまでやってくる。そして，学生につづいて私も椅子に座り，向かい合って話をするわけだが，このときに学生が図中の右側（＝南側）にある椅子2脚のうちのどちらかを選ぶ確率は経験上おおよそ3分の2，図中の左側（＝北側）の椅子のどちらかに座る確率がのこりの約3分の1となる。

　おおきな机の長辺方向の軸が，部屋の短辺方向の軸（＝南北方向の軸）に平行ならば，おそらくわかりやすい結果になっていたであろう。学生は，図中上側（＝入口側＝東側）に，ほぼ100％座ることになったはずである。ところが，おおきな机の長辺方向の軸が，部屋全体の手前―奥の軸（＝東西方向の軸）に平行だから，話がややこしくなってしまう。つまり，中央の開けた空間には，そこのみでみた場合の手前―奥の軸（＝下座―上座の軸）である図中の右側―左側の軸と，それとは直交す

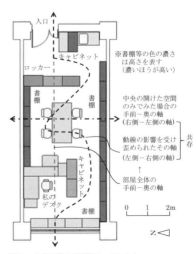

図1　大学の私の部屋のレイアウト

る部屋全体でみたときの手前―奥の軸（＝下座―上座の軸）が動線の影響を受け歪められたことによりあらわれる左側―右側の軸が共存しており，そのことにより話がややこしくなっているのだ。

　この下座―上座の軸は，各々の学生がもつそもそもの感覚にも関係するもので，たとえば私を教員だと思っていなければ，この軸が顕在化することはない。しかし，私を教員だとみなして学生がみずから下座に座ろうとしている，あるいはそのような行為が慣習行為［ブルデュー 1991(1987)：10-58］になっている場合には，学生の空間での／への感覚が行為と結びつき，またそれらが空間での／への観方とも結びついて，これらの空間における／に対する態度が空間秩序を具現化している，ととらえることができる。

　このような空間における／に対する感覚，行為，観方などの態度が，本章で取り上げる中国黄土高原の「窰洞（yaodong）[1][2]」とよばれる伝統的な穴居の居住空間では，われわれとは顕著に異なったかたちであらわれる。

2．中国黄土高原の窰洞：「奇妙」な居住空間

　日本でも毎年，春になると，黄砂の話題がテレビや新聞をにぎわす。福岡など中国大陸にちかい場所では，風景は視界のわるいセピア色に染まり，車体にはこまかな黄砂の粒子が降り積もる。とくに黒色の車体では目立つことになる。こういった様子や，洗濯物を外に干せなくて困っている主婦のインタヴューといったお決まりの方法で，黄砂飛来のニュースはくりかえし報道される。近年では大阪や東京など，大陸から離れた場所にも大量の黄砂が飛来し，大阪や東京で取材された同様の報道もたびたびみられ

1）黄土高原とは，「北緯34～41度，東経101～114度のあいだに位置し，その範囲はおおよそ，西は青海湖から東は太行山まで，北は万里の長城から南は秦嶺山脈までと一致する。青海，甘粛，寧夏，内蒙古，陝西，山西，および河南の7省（自治区）にまたがり，岩が露出している山地をのぞき，黄土は連続的に分布している。その面積は，約28万平方キロ（黄河中流の流域面積は約58万平方キロ）にもおよぶ」［黄河水利委員会勘測規劃設計院編 1987：17］。

2）中国式表音記号の「拼音（ピンイン）」で表記している。以下でも，初出の中国語のタームに対しては同様に表記する。

図2　春先，セピア色に染まった視界のわるい中国黄土高原（凧による空撮）

るようになった。中国黄土高原はこの黄砂のふるさとで（図2），ここの伝統的な建築が「窰洞」とよばれる穴居である。黄土高原で伝統的に穴居がつくられてきた理由としては，建築材料となる木材が乏しいこと，乾燥地帯であること，黄土層が穴居に適していることなどがあげられる［関野 1938；窰洞考察団 1988：24］。

窰洞は，地形との関係によって「下沈式（xiachen-shi）」，「靠崖式（kaoya-shi）」，「地上式（dishang-shi）」の3つに分類される［侯ほか 1989：22-40；張ほか 1993：78-86］（図3・4・5）。下沈式は，平坦地に升型の竪穴を掘ってから，その竪穴の4壁面に横穴を掘るタイプで，平坦地の多い黄土高原南部に分布する。靠崖式は，山や丘陵，谷間の斜面を利用して横穴を掘るタイプで，黄土高原全域，なかでも黄土高原北部の農村部で多くみられる（図6）。地上式とは，平坦地に，木や土や石でつくった横穴内部のヴォールト状の型枠をもちいたり，あるいは鉄製のアーチ形状をした既成の型枠を連続的にもちいたりして直方体のボリュームを建設し，その後この型枠をとりはずすことによって内部空間をつくるタイプで，黄土高原北部の都市部に多い。

窰洞は，そのおもな材料によっても「土窰洞（tu-yaodong）」，「石窰洞（shi-yaodong）」，「磚窰洞（zhuan-yaodong）」に分類される。下沈式は地下に掘られるため土窰洞が多く，逆に地上式は石窰洞か磚窰洞であることが多い。靠崖式ではいずれのタイプもみられる。

窰洞はその平面構成でも分類される。矩形の「院子（yuanzi）」とよばれる中庭を，3つあるいは4つの

図3　黄土高原南部でみられる下沈式窰洞

図4　黄土高原北部の農村部でみられる靠崖式窰洞

図5　黄土高原北部の都市部でみられる地上式窰洞

図6　靠崖式窰洞の集落

図7 四合院形式の窰洞

図8 正房が窰洞、中庭を囲むそのほかの建物が瓦房の四合院

図9 窰洞の小学校の教室内部

3) 天井も中庭のことをさすが、院子とくらべるとせまくて閉鎖的なニュアンスをもつ。天井窰院という呼称は、おもに河南省でもちいられている［八代 1994：41］。

図10 窰洞住居の大門

建物が取り囲む中国の伝統的な「三合院（sanheyuan）」や「四合院（siheyuan）」と同様の平面構成をもつ窰洞に対して、現地の人びとも、たとえば「天井窰院（tianjing-yaoyuan）」、「四合院的窰洞（四合院の窰洞）」（図7）などと称して、それらをほかとは区別している。下沈式は、その建設方法からして、三合院、四合院形式であることが多い。靠崖式は、斜面を利用しているため、矩形の中庭の1辺あるいは2辺に窰洞が配される平面構成、つまり窰洞と正面の前庭という平面構成やL字型の平面構成であることが多い。これらに対し、地上式ではいずれの平面構成をもつタイプもみられる。黄土高原の都市部では、大門正面の「正房（zhengfang）」とよばれる主屋が地上式窰洞、中庭を囲むそのほかの建物が瓦屋根の「瓦房（wafang）」という構成の三合院や四合院も多数みられる（図8）。

窰洞の機能もさまざまである。住居をはじめ、井戸、倉庫、畜舎などの住居に付随するもの、行政機関の事務所、学校（図9）、招待所、病院、売店といった公共性の高いもの、さらには祠堂、廟、清真寺（イスラム寺院）、キリスト教教会といった宗教的な施設など、さまざまな機能をもった窰洞がみられる。

3. 窰洞の居住文化と地域文化：「あたりまえ」な態度

このようにさまざまに分類される窰洞ではあるが、冒頭で述べたように、窰洞の居住空間においては、空間における／に対する感覚、行為、観方といった居住空間での／への態度が、われわれとは顕著に異なっている。ここでは、おもに1990年代に実施した調査にもとづき、そのちがいについて具体的に述べてゆく。

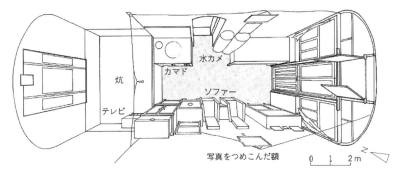

図11 窰洞住居の横穴（居室）の内観パース

窰洞における態度―空間の秩序

まずは，四合院形式の窰洞住居を例に話をすすめることにしよう。四合院形式の窰洞住居も，四合院をはじめとする他の中国の伝統的な住居とおなじく，南向きがよいとされている。また，住居内では，内／外にもとづく空間分節がいたるところでみられる

図12 布団が敷かれた炕上

[栗原 2009]。住居自体の内／外は，住居への入口の「大門（damen）」によって分けられる（図10）。大門から住居内に入れば，中庭に面する4つの壁面内（建物内に相当）／中庭が内／外に対応している。壁面内（建物内）の横穴（居室）に入っても，床暖房オンドルの一種「炕（kang）」がある北部地域では，炕上／炕下が内／外に対応する（図11・12）。分節されたそれぞれの空間領域内においては，北側が最上位，ついで東側が上位という絶対方位に関する秩序や，入口の正面奥が最上位，ついで奥から入口をみて左側が上位という相対方位に関する秩序がみられる。また，真ん中が最上位という秩序もあり，これは壁面内（建物内）にならぶ横穴（居室）どうしの序列などに影響する。

　これらの絶対方位と相対方位に関する空間秩序は，南入口の場合には互いに一致するが，入口がその他の方角にある場合には競合する。競合した場合の結末は，それぞれの空間領域内における社会関係が反映した住まい方や座位などの動態

によって確認できる．窰洞の場合は，一般的な四合院とはちがい，またわれわれ日本人の住居ともちがって，中庭内と中庭に面する4つの壁面内（建物内）の序列で絶対方位の影響を受けやすいという特徴をもつ．これらは，窰洞に住まうことをとおして，人びとが後天的に身につけた「知識」としての空間感覚，それにもとづく行為や観方によって生成されたものである．と同時に，それらは世代を超えて継承され，窰洞に住まう人びとの「あたりまえ」な態度として再生産されてきたものでもある．

地域における態度―理想の住居

　窰洞の分節された居住空間には，ほかとは差異化のはかれる空間秩序が存在し，それらは理想と現実が一致しないときに顕在化する．では，黄土高原における理想の住居とは，どのようなものなのか．ここでは，ちょっと寄り道になるが，葬式のときにみられる模型「紙火（zhihuo）」をもとに考えてゆく［栗原 2005a(2011)］．

　黄土高原北部の窰洞集落において，3日間にわたっておこなわれる葬式の最終日の早朝，荒涼とした黄色い大地の丘のうえで，白い喪服に身をかためた遺族の泣き叫ぶ声がひびきわたった．「哎呀～，媽～（あぁ～あぁ～，おかぁーさーん）」と．亡くなった母の遺体が納められた棺を土葬し，埋めもどした盛り土には花環がならべられ，遺族はそのまえに整列して叩頭しつつ泣き叫ぶ．脇では，チャルメラやドラをもった5人からなる楽隊が悲しげな音楽を奏でている．直後，遺族の背後におかれた住居の模型に重油がかけられて，火が放たれる．約1.5m四方，高さが約80cmの紙でつくられた模型ははげしく炎をあげ，瞬く間に灰となった．これが「紙火」とよばれる死者があの世で住まう住居の模型である．燃やされることで，死者の魂ととも

4） 楽隊の人数は，葬式では5名であるが，結婚式では6名となる．これは，奇数と偶数に対する感覚にもとづいている［深尾ほか 2000(2007)：123-156(101-128)；栗原 2012：71］．

図13　紙火の大門とその両脇の平房

に天にのぼってゆく。

　紙火は，この地域の生きている人が住まう住居とおなじく窰洞である。が，実際の窰洞よりも豪華で，瓦屋根の立派な大門をもち，中庭の三方が窰洞に囲まれた四合院になっている。大門の両脇のみ陸屋根の平屋の建物「平房（pingfang）」であり，そこには駐車室，石臼やひき臼のある農作業部屋，厠，地下室への入口がある（図13）。工房や機械室がここにおかれることもある。大門正面の正房の立派な軒には瓦がのり，鴟尾，斗栱もみられ，美しい装飾がほどこされている（図14）。中庭には，井戸，菜園，花壇があって，使用人もいる。窰洞内部をみれば，倉庫には米，麺，豆，肉が，厨房にはシステムキッチンが，居室には家具，ベッドと布団などが備わっている。さらには，テレビ，ステレオ，冷蔵庫，洗濯機といった家電もがみられた（図15）。しかも，それらの家電には，中国トップの家電メーカーの名まえやロゴまでもが描かれている。紙火には，このような細工が随所にほどこされているが，それは死者があの世での生活で不自由をしないようにとの配慮からだという。

　しかし，黄土高原の北部では，尾根状の地形「梁（liang）」（図16）やこぶ状の丘陵「峁（mao）」（図17）が発達しており，地形によほど恵まれないかぎり，三方が窰洞の四合院をつくることはむずかしい。また，集落内の道は細く，傾斜もきつく，車が走れる道などほんの一部にしかない。そして，夜にしか電気は通わず，水道もないため，この地域で上記の家電がフルに稼働することなどありえない。つまり，紙火は，この地域の生活という

図14　紙火の正房と院子

図15　紙火の窰洞内部につくられた家具と家電製品

図16　黄土高原北部でみられる梁の地形

図17　黄土高原北部でみられる峁の地形

文脈では,「非現実的」な住居である。しかしながら,「非現実的」だからこそ,この地域の人びとが抱く個々の理想が自由かつ具体的に映し出された住居ととらえることもできよう。

このような模型でも,われわれにとっては,窰洞という一見「奇妙」な空間をつくっていることになるが,その制作にいたった背景に思いをはせれば,それが「あたりまえ」な態度であると理解できる。窰洞に住まうからこそ,やはり窰洞の模型を制作する。そして,それが理想の住居にもなっている。全体的にみれば「非現実的」かもしれないが,個々をみれば,それらは具体的であり,「現実的」な理想でもある。まさに,地域における住居と住まい方に対する理想を,それぞれストレートに表現するという「あたりまえ」な態度によって,この模型は制作されたのである。

地域と黄土に対する態度―地域と黄土の二面性

これまでみてきたような空間感覚,行為や観方にもとづいた「あたりまえ」な態度は,黄土高原という地質的特徴をもった地理的範囲に住まうからこそ,そして窰洞というそこでの伝統的な建築に住まうからこそ,生成されるものである。では,それらはいかに生成されてきたのか。以下では,窰洞や伝統がいまなお「生きている」黄土高原北部,なかでも陝北（陝西省北部地域）の農村部を対象に,地域とそこの自然環境としての黄土に対する感覚についてみてゆく。そのうえで,それをもとにした居住環境としての住居に対する行為や観方について,間主観的な解釈をすすめる［栗原 2005b］。

ここでいう間主観的な解釈とは,客観的データを客観的に分析するのではなく,調査者としての私の立場［栗原 2014］や被調査者である現地の人びととの関係,それらの相互作用や動態など,主観的データを民族誌的記述によって多角的に解釈してゆき,そのことによって客観性を高める方法である。つまり,透明な存在ではありえない調査者の不透明な部分を明白にしてゆくことによって客観性を高める,という方法で

あり，それは現地調査の政治性という今日的な課題を視野に入れた方法でもある。なお，上述のように，ここでの記述も，おもに1990年代に実施した調査にもとづいている。

「貧しい」陝北における強い郷土愛と誇り
「貧しい」陝北　陝北は，中国の内陸部のなかでもとくに「貧しい」地域とされている。所得は沿海部の数分の一から数十分の一で，「近代化」の指標となるインフラなど整っていない。調査対象地のひとつである米脂県Y村での生活を例にあげれば，水は毎日1，2回，井戸から天秤を担いで運んでくる（図18）。

図18　窰洞の井戸からの水汲み

もちろん風呂などなく，厠は通常外部にもうけられた汲み取り式である。火はヒマワリの茎や木の枝，石炭を燃料としておこす（図19）。その火で調理し，余熱は煙道をとおって床暖房設備の炕を暖める。陽が暮れてから不安定な電気が通ってくるが，平日の昼間に電気をつかうことはできない（図20）。かなり普及してきたテレビは，時間限定でその機能をはたせるものの，洗濯機や冷蔵庫にいたっては，所有という「豊かさ」の象徴でしかない。そして，毎年のように干ばつや洪水に悩まされる。このような「貧

図19　鞴を使った火おこし

しさ」とは，陝北人の認識でもあり，そのため故郷を見捨てる人がいる。見捨てないまでも，不満，愚痴，諦めが彼ら／彼女らのなかには存在している。
強い郷土愛と誇り　しかし同時に，大多数の陝北人には，ほかの地域ではみられないような強い郷土愛や，陝北人であることの誇りも共存しており，ほかの地域の人びともそのことを認識している。たとえ

図20　窰洞の夜景

ば，私が留学先の天津から列車やバスで黄土高原へ調査に向かう途中[5]，あるいは黄土高原南部での調査中，しばしばその目的を聞かれる。「窰洞をはじめ，伝統に関する調査のためにいく（きた）」などと答える。すると，かならずといってい

5）当時，私は中国政府奨学金留学生の高級進修生（大学院研究生）として天津大学に所属していた。

図21 窰洞でおこなわれる結婚式

図22 窰洞でおこなわれる葬式

いほど,「それなら陝北にいきなさい。陝北には窰洞も伝統ものこっているから。陝北人はそれを誇りに思っているから」などといわれた。

また,陝北人の出稼ぎをふくめた就職,就学先は,西安,宝鶏,銅川など陝西省の都市であることが多く,そこでは陝北人の会合がひんぱんに開かれている。この会合をたのしみにし,この会合をなによりも優先する人が多いため,出席率はかなり高いという。さらに,陝北人の結婚相手は陝北人であることが多い。「若い男女が付き合うこと＝将来は結婚」と考えられていたため,相手が同郷人であることが付き合うきっかけの第一条件となる(図21)。そして,都市で生活している陝北人の多くは,一生を終えたら陝北で埋葬されたいと考えているようである。そのことを「陝北の土(＝黄土)にかえりたい」と表現する。実際,北京で生活していたY村出身の老人の遺体が,夜中に人知れずY村に運ばれてきたことがあった。老人の葬儀はY村でおこなわれて,老人はY村の土にかえった(図22)。

黄土に対する態度

「よい環境」とその要素　陝北人の郷土愛や誇りは,彼ら彼女ら自身の言葉によっても感じることができた。調査をはじめて数カ月がたち,方言にもすこし慣れてようやく現地の人びとと雑談をかわせるようになったころ,当時独身だった私は,老若男女を問わず何人もの人に「陝北の女性(とくに米脂県の女性)と結婚して,陝北に住まないか」といわれた。天津や北京とはちがい,「日本に連れてかえればいいのに」とはいわれない。この言葉を聞くようになった私は,現地の

人びとがよそ者である私に対し，多少なりとも自分たちに「ちかい存在」としてみてくれるようになったのでは，とうれしい気持ちになれた。また，「米脂的婆姨，綏徳的漢，清澗的石板，瓦窯堡的煤炭」という成語が通用する存在として認められ，徐々に「あちらの生活に融けこんでいる」[ギアーツ 1996(1988)：33]のでは，といった調査者としての喜びにも浸れた。

6）陝北が誇れるものとして，米脂の女性，綏徳の男性，清澗の石板，瓦窯堡の石炭がある，という意味の成語。

　とはいうものの，調査者はあくまでも調査者であって，必要以上に被調査者になってはいけない。調査者は，調査対象とともに，調査者である自分自身も客体化する必要があるからだ[栗原 2012]。そこで，唐突にこのような質問をされても，「万が一そうなった場合，なぜ陝北に住むものがいいのか」という質問できりかえした。すると，決まってあたかも成語のように，「"環境好"だから」，「"水好，空気好，環境好"だから」という答えがかえってきた。さらに，「『よい環境』とは具体的にどのようなものなのか」と聞いてみると，それは「山やこの大地があって，川が流れていて，いい井戸があって，美しい空気があって，心地よい風が吹く（こと）」といった答えがかえってきた。彼ら彼女らにとっては，環境の要素として，黄土高原の「黄色い大地」と黄土，川と水，空気と風が重要なのである。

　実際，生活そのものがこれらと密接に関係している。映画「黄土地」（陳凱歌監督，1984年）の映像や，「黄土高坡」をはじめ1980年代半ばから1990年代に流行した「西北風」とよばれる黄土高原をうたった歌曲の歌詞やそれらのカラオケの映像でも，これらの要素は効果的に使われている[栗原 2014]。「黄土高坡」では，「我家住在黄土高坡，大風従坡上刮過……（私の家は黄土高原の険しい崖にある。強風が崖の頂から吹き降ろしてくる……）」と歌われており，そのカラオケのモニターには，歌詞どおりの風景が映し出される。

<u>環境要素に対する感覚の二面性</u>　窰洞住民は，農作業など外からかえってくると，居室（横穴）に入るまえに服についた

図23 冬の窰洞の居室（横穴）への入口

7）夏には白い布が，冬には刺繍がほどこされた美しい厚手の布がかけられる。

8）Y村では数年に一度，大洪水に見舞われる。そのときに鉄砲水が流れる溝には，「水道溝」という地名がついている。

黄土をはたく。居室の入口には，黄土を遮断するため，季節におうじた布がかけられ，戸が開いていても黄土が内部に入らないようにしている（図23）。それでも窰洞内部の居室には，たくさんの黄土がすぐにたまってしまう。そのため，まめな掃きそうじが欠かせない。中庭もおなじで，1日のうち朝夕2回といった具合に掃きそうじをする。このような黄土に対して，人びとは「やっかいなもの」だという。その反面，切り傷を負ったときには薬がわりに傷口に黄土をかけ，汚物を処理するときにも黄土をつかう。たとえば，結婚式の準備のため，中庭では料理用の羊と豚が屠殺されるが，地面に流れた血液には黄土がかけられた。結婚式当日，子どもの失禁や嘔吐に対しても，やはり黄土がかけられた。黄土は「便利なもの」であり，彼ら彼女ら自身もそのようにいう。一方，水に対しては，「恵みをもたらす」という感覚とともに，洪水に対する恐怖心もある。また，窰洞内部で使用した水は，中庭まで運んでいって，そこに撒く。このように，窰洞住民の黄土と水に対する感覚には二面性がある。

「黄色い大地」では，春には毎日のように視界を消すほどの「やっかいな」黄土を巻き込んだ強風が吹き荒れるが，この風が「恵みをもたらす」雨を運んでくれる。風に対する感覚にも，このような二面性がある。そして，風でゆれる窰洞の開口部「門窓（menchuang）」に貼られた紙（図24）の音によって，窰洞内部にいてもそのときの天気がわかり，のちの天気も予想できるという。風も，それくらい生活と密接な関係がある。

図24 紙が貼られる門窓

環境要素のヒエラルキーと黄土に対する態度 このような風に対する感覚の二面性や，風と生活との密接な関係は，見方をかえれば，土と水に対する感覚の二面性からくる2次的なものである。そのため，風とはちがって，土と水には，それぞれに関係する神や，それらをまつる廟

も存在するのであろう[9]（図25）。

　土と水に焦点をしぼって比較してみよう。現地の人びとは，たしかに土に対して「やっかいなもの」という感覚をもっている。が，われわれ日本人とくらべれば，それほど敏感ではない。また上記の傷口や汚物の処理など，われわれなら水をつかうところでも土をつかう。われわれからみると，彼ら彼女らの感覚のなかでの比率は，土＞水なのである。これには，荒涼たる「黄色い大地」や乏しい水という自然環境における要素の比率も影響しているのかもしれない。

図25　窰洞の廟での廟会

9）土に関係する神とは土地神のことである。水に関係する神とは龍王で，それをまつる廟は龍王廟である。

　このような黄土に対し，現地のある郷土史家は「母なる黄色い大地の一部である」と表現する。が，現地の一般の人びとにとっては，この感覚はかならずしも意識しているものではないかもしれない。しかし，「母性もプラスとマイナス面〔がある：筆者補足〕。母性原理は，ひとくちでいえば『包含する』ことを主な機能とする」[河合 1992：13]という見方にしたがいつつ彼ら彼女らの生活をみてみれば，この感覚は当てはまるものであると理解できる。黄土はもっとも身近な人びとを包み込む環境であり，黄土に対する感覚にはプラス面とマイナス面の二面性があるからである。

　陝北の自然環境によって，このような感覚は生まれ，また自然環境と上記の成語のような言葉，映画や流行歌といった社会・文化的環境によって，それらは人びとのなかで継承されてきた。この感覚は，地域環境によって地域環境のなかで再生産されてきたのである。

窰洞に対する態度―地域や黄土とのつながり
窰洞の住居観
　窰洞は，穴居だからこそ，環境要素としての黄土や黄土がつくりだす地形とは密接な関係がある。ここでは，住民が窰

10) この分類の指標とは，さきに述べた地形との関係，材料，平面構成，機能のことである。この指標は，参考文献でしめしたような先行研究を参照しつつ，自身のフィールドデータにもとづいて整理したものである（[栗原 1998；深尾ほか 2000(2007)：123-156 (101-128)] を参照）。

11) これに対して，「生土建築」というタイトルの論文を発表している荊其敏［荊 1994］によれば，中国の建築学者のあいだでは，土，石，レンガなどをおもな材料とした建築を，まとめて「生土建築（shengtu-jianzhu）」とよぶことが一般的であるという。

洞をどのようにみているのか，その観方がなしえる，彼ら彼女らの窰洞に対する分類の指標をもとに解釈してゆく。

陝北農村部の窰洞は，山や丘陵の斜面を利用したものが多い。そのため，「黄色い大地」と一体化したものが多いといえる。材料は，石がもっとも多い。かつては横穴を掘るだけの土窰洞が多かったが，現在では「裕福」な者が増えたため，石窰洞が多くなった。一方，レンガを材料とした磚窰洞はあまりみられない。石も土とならんで「黄色い大地」の一部だととらえられているが，レンガは加工物のため，ここにはふくまれないという[11]。つまり，ほとんどの窰洞が，「黄色い大地」の一部をそのおもな材料にしている。

窰洞の横穴の機能は居室であることが多い。それゆえ，機能配置という平面構成の規範にしたがい，通常，大門正面に位置する正房は窰洞の居室であることが多い［栗原 1998；深尾ほか 2000(2007)：123-156 (101-128)］。厨房や倉庫が仮設的な小屋に配されることもあるが，逆に窰洞の機能が居室以外で，仮設的な小屋が居室になることはない。陝北から内蒙古へむかう途中にひろがる荒涼とした大地にも窰洞集落が点在している。しかし，道路沿いにある宿や食堂が窰洞であることはまずない。公安の捜査をくぐりぬけながら転々と営業している不法の施設も多く，その建築は仮設的でなければならないからだという。こういった例から，窰洞には仮設性に対し恒久性が備わっているといえよう。恒久性をもつ窰洞は，建設時もほかの建築とは異なる。木造建築の上棟式に相当する建設儀礼「合龍口（helongkou）」をのぞいて，ほとんどの建設作業が日常化している。具体的な建設予定がないときから，農作業の合間をぬって日常的にその作業をおこなう（図26）。窰洞には日常性も，建設の段階からその根底に備わっている。

日常生活では，たとえば夕刻，窰洞のなかが暗闇と食事の匂いに包まれはじめたころには，外を行き交う人びとのお決まりのあいさつや井戸端会議のおしゃべりが，夜がふけはじめたころには，ロバの鳴き声やとなりの窰洞での会話が，門

図26 農閑期には日常的におこなわれる窰洞建設

窓から入ってきて窰洞の居室のなかにひびく。また上述したように、居室内部にいても、風でゆれる門窓に貼られた紙の音によって外の天気がわかる。紙の音がいつもより大きくて重いときには、もうすぐ雨になる。窰洞内部は、外の様子を伝えつつも、人びとをそれらから切り離してやさしく包み込んでいるのである。それを演出しているのがヴォールト状の断面である。この形状は、安堵感があるという理由で好まれる。レンガとコンクリートをつかった近代的な家屋でも、内部をわざわざこの断面形状に、あとから張りぼてでつくっているものもある。

陝北農村部の窰洞は、二面性をもつ「母なる黄色い大地」と一体化し、その一部をおもな材料としつつも、人びとをそれらから切り離して、やさしく包み込むような安堵感をあたえている。そこには、恒久性と日常性も備わっている。窰洞も、母性像がもつ二面性のうちの一面を備えており、それが期待されているのである。

変化しつつ再生産される住居観

しかしながら、近代化の影響により、建築の対象化がますます進んでいる。私がおもに建築の調査をしているということを知らない人でさえ、日本の住居に関する質問をたびたび私にしてきた。また、結婚相手の条件として、「有三孔窰洞（3穴の窰洞をもっている）」といった条件をあげる適齢期の女性も数多くいた。しかもその窰洞は、新築か改築したものでなければならないという。適齢期の男性は、必死になって窰洞を所有しようとする。調査の終盤、私の調査目的をかなり理解してくれた女性のなかには、「理想の窰洞とは？　それはどうつくればよい？」などと質問してくる人までいた[12]。さらに、内蒙古での炭鉱業など、出稼ぎの斡旋によってにわかに財を成した人たちは、イ

12）こういった質問に対して、私自身返答に困ってしまった。それは、質問がおおきすぎるということもあるが、窰洞という「伝統の創出」［ホブズボウム＆レンジャー 1992(1983)；栗原 2004］に、調査者としての私自身が積極的に関与しかねない、という戸惑いを感じたためである。

図27　「裕福」な人たちの「立派」な窰洞

ンフラや家電が整い，タイル等で装飾した要塞のような「立派」な窰洞を競って建設していた（図27）。

このように対象化された窰洞は，近代化の影響をうけた住居観によって再生産されている。逆に，このような窰洞が再生産されることによって，住居観も変化しつつ再生産されている。やはり窰洞が再生産されていることからは，これまでみてきた黄土に対する強い感覚，それがつくりだす居住環境としての窰洞，窰洞をはじめ「伝統をのこしている」陝北に対する強い郷土愛や誇り，さらにはそれらの有機的なつながりを読みとることもできよう。

4. 空間を媒介とした社会・文化的集団とその今後：空間がもつ力

以上でみてきたように，中国黄土高原では，窰洞に住まうことをとおして，空間における態度，空間に対する態度が生成・再生産されている。つまり，居住空間によって，そこに住まうことをとおして，空間での／への「あたりまえ」な態度が生成・再生産されている。結果，ほかとは差異化がはかれる固有の「知識」をもった，「窰洞族」とでもいえそうな社会・文化的集団の再生産もなされている。かつての「団地族」や現在の「ヒルズ族」と同様，空間を媒介とした社会・文化的集団の再生産が，ここ中国黄土高原では連綿とつづいてきたのである［栗原2014］。

1980年代，窰洞に住まう人びとは4000万人いるといわれていた［窰洞考察団1988］。ところが，1990年代以降，南部地域の都市部から窰洞は徐々に消滅していった。近年では，南部地域だけでなく，北部地域でも「埋もれゆく」［栗原1998］状況が顕著である。1990年代に共同調査をおこなった陝西省北部地域のY村は，当時1000人以上が住まう窰洞集落であった。しかし2014年5月にY村を訪れたかつての共同研究者，深尾葉子氏の話によると，そこの人口は約200人にまで減少したという。窰洞がますます消滅してゆき，窰洞に住

13）団地族とは，1950年代から急増した鉄筋コンクリート造の洋風化された団地の居室に，洋風のライフスタイルで暮らす人たちのことをさす。1958年に登場した呼称といわれている。一方のヒルズ族とは，六本木ヒルズに会社をおいたり，そこで暮らしたりする「ハイソ」な人たちをさす。

まうことがなくなれば，上記のような「奇妙」な居住空間によって生成・再生産される「あたりまえ」な態度や，世代を超えてそれらを共有・継承してきた「窰洞族」は再生産されなくなるのだろうか。それとも，この態度となんらかのつながりをもちつつも，この態度とはちがったあらたな態度と，その態度と関連するあらたな居住空間が生成・再生産されて，あらたな「窰洞族」が再生産されてゆくことになるのだろうか。

　私自身は，このどちらの可能性もありうると考えている。なぜなら，われわれ人類は，生身の身体，そしてこの生身の身体を取り囲む居住空間とともに存在しているからである。つまり，生身の身体をもちつづけるかぎり，われわれ人類は居住空間と切り離して存在することはできない。そのため，われわれ人類に対する空間の影響力，空間がもつ力が消滅することはありえない。だからこそ，上記のどちらの可能性も，ともにありうると考えられるのである。すなわち，窰洞の消滅によって，この「奇妙」な居住空間での／への「あたりまえ」な態度とそれらを共有・継承する社会・文化的集団の「窰洞族」が再生産されなくなる可能性も，あるいはこの居住空間となんらかのつながりをもつあらたな居住空間の生成によって，それらが再生産される可能性も，両者はともに考えられる。これらの可能性についてより深く考えるためにも，またより広く居住空間や居住文化について考えるためにも，さらにはあらたな建築人類学［栗原 2016］としても，ここで述べてきたような生身の身体をもつわれわれ人類に対する空間の影響力や空間がもつ力，そしてその空間での／への態度という視点は，今後ますます重要になってゆくであろう。

栗原伸治

■参考文献

ブルデュー.P., 1991(1987)『構造と実践』石崎晴己(訳) 藤原書店。
黄河水利委員会勘測規劃設計院(編), 1987『中国黄土高原地貌図集』水利電力出版社 北京。
関野貞・関野博士記念事業会編, 1938『支那の建築と芸術』岩波書店。
窰洞考察団, 1988『生きている地下住居 中国黄土高原に暮らす4000万人』彰国社。
侯継尭, 任致遠, 周培南, 李傳澤, 1989『窰洞民居』中国建築工業出版社 北京。
張璧田, 劉振亞, 1993『陝西民居』中国建築工業出版社 北京。
八代克彦, 1994「中国黄土高原の下沈式窰洞住居における中庭空間の配置構成に関する研究」東京工業大学博士論文。
栗原伸治, 2009「内と外」日本文化人類学会(編)『文化人類学事典』丸善, pp. 62-63。
栗原伸治, 2005a「紙火:死者が住まう理想の住居」布野修司(編)『世界住居誌』昭和堂, p. 56(中国語訳 栗原伸治, 2011 ＜紙火―死者居住的理想住居＞布野修司(編) 胡惠琴(訳)《世界住居》中国建築工業出版社, p. 56)。
深尾葉子, 井口淳子, 栗原伸治, 2000『黄土高原の村:音・空間・社会』古今書院(中国語訳 深尾葉子, 井口淳子, 栗原伸治, 2007《黄土高原的村庄—声音・空間・社会》林琦・朱家駿(訳) 民族出版社 北京)。
栗原伸治, 2012「フィールド(ワーク)へのまなざしに関する理論的整理」(第2章1節),「フィールドワーカーのポジション」(第4章),「地図の描き方」(技術編3)日本建築学会(編)『フィールドに出かけよう！住まいと暮らしのフィールドワーク』(あじあブックス②) 風響社, pp. 23-29, 38-40, 57-71, 214-217。
栗原伸治, 2005b「中国陝北の窰洞住民がもつ黄土に対する感覚と住居観:異文化でのフィールドワーカーを取りまく環境とそこでの心理的変化にもとづいた間主観的解釈」日本建築学会 環境工学委員会 環境生理小委員会 文化と環境心理SWG(編)『文化を考慮した環境心理研究に向けて』, pp. 41-48。
栗原伸治, 2014「住とアイデンティティ」国立民族学博物館(編)『世界民族百科事典』丸善出版, pp. 458-459。
ギアーツ, C., 1996(1988)『文化の読み方／書き方』森泉弘次(訳) 岩波書店。
河合隼雄, 1992『対話する人間』潮出版社。
栗原伸治, 1998「埋もれゆく穴の住まい 窰洞:黄土高原の穴居住民:中国」佐藤浩司(編)『住まいにいきる』(シリーズ建築人類学《世界の住まいを読む》④) 学芸出版社, pp. 171-190。
荊其敏, 1994「生土建築」中国建築学会『建築学報』, pp. 485-493。
ホブズボウム, E. & レンジャー, T.(編), 1992(1983)『創られた伝統』前川啓治・梶原景昭 他(訳) 紀伊國屋書店。
栗原伸治, 2004「伝統の創出」『農村計画学会誌』23巻3号, pp. 247-248。
栗原伸治, 2016「建築人類学2.1:中国黄土高原における窰洞の住居観・建築観をもとにした一考察」物質文化研究会『物質文化:考古学民俗学研究』96号, pp. 3-15。

家屋の堅牢さと手軽さ
——マダガスカルのくらし

　本書では，世界各地の多様な建築をとりあげている。しかし，マダガスカル島で20年以上も調査を続けていると，この島だけでもいかに住居が多様かを実感する。なにしろマダガスカル島は，世界で4番めに大きな島で，日本の1.6倍もの面積をもつ。年間降水量も，400mmから3500mmまでと，変化に富む。本章ではそのなかから，ある意味で対極的な2つのタイプの家屋をとりあげ，詳しくみる。

1. マダガスカルの家屋素材

　作業に先だって，まず，どのような素材がマダガスカルの家屋建築に使われているのか，みておこう。本章でとくにとりあげるのは，純粋に木材だけで作った家屋と，木材で骨格を組んで壁や屋根に大型草本（ガマ科の植物 *Typha angustipholia*, 以下「ガマ」と表記）を用いたものだ。イソップ童話の「3匹の子ブタ」に登場する3種類の家屋のうち，草の家と木の家の2つを比較することになるわけだ。

　残るもう1種類の家屋——末っ子の子ブタが作る，レンガ作りの家屋もある。これは，マダガスカル島の中央部に広がる標高1000m以上の高地に多い。この地域の村落部では，焼きレンガを積みあげて壁を作り，屋根を単子葉草本で葺くのが一般的だ。この地域ではもともと木造の農家が多かったようだが，降雨量が年間1000〜2000mmと比較的少なく，樹木の生育が旺盛でないため，19世紀にフランス人が教えたレンガ製法がまたたくまに普及し［飯田 2013c］，建築素材として一般的になった。2階建て，あるいは屋根裏を含めて3階建てのものも多い。末っ子の子ブタが作りはじめたからというわけでもないだろうが，村落部の建築素材としてはもっともあたらしい部類に属する。

1）グリーンランド島，ニューギニア島，カリマンタン（ボルネオ）島に次ぐ第4位。ただし，オーストラリア大陸をグリーンランド島より大きい島とみなす場合には，第5位となる。

2) 後述するように，マダガスカル島の恒常風は東側から吹きつけるため，中央高地の山地部を越えた西海岸部では，雨を降らせた後の乾いた風が東の高地から降りてくる。

3) 竹を長い筒とみなして，縦方向に1本の切れめを入れて開き，節を抜きとると，細長い長方形のパネルができあがる。この素材を「ひしぎ竹」と呼ぶ。これを縦横に組んでいけば，壁にもできる大きなパネルができあがる。日本の村落でも，20世紀半ば頃まで，ひしぎ竹は民家建築の素材として用いられていた。

4) マダガスカル原産。学名 Ravenala madagascariensis。ヤシのように高く伸びた幹の上部に，バナナやバショウに似た葉を扇形につけるので，オウギバショウの名がある。また，扇の要部分を刃物で切りつけると水分がほとばしり出て，旅人の渇きを癒すだろうという連想から「旅人木」の名がある。

西海岸部に多いのは，木材で骨格を組んで壁を土で塗り固めたものだ。厚い土壁をすべて泥で固めると中が脆くなってしまうので，壁には多数の石を挟みこみ，その上を薄く土で塗る。屋根は，ヤシ科やゴクラクチョウカ科など，大きな葉をもつ植物の葉で葺く。中央高地の焼きレンガと異なり，火を通さず天日乾燥させただけなので，壁の耐久性は高くない。それでも問題が少ないのは，中央高地部よりもさらに年間降雨量が少なく，1500mm以下のところが多いためだ[2)]。このタイプの家屋はいつ頃からあったのか定かでないが，西海岸全域にまで広がったのは，中央高地のレンガ家屋と同じ20世紀頃のようだ[Decary 1958]。

いっぽう東海岸は，年間降雨量が2500mm以上にのぼるため，樹木が旺盛に生育する。ところが，木材でできた家屋というのは意外に少なく，村落部ではむしろ例外的といってよい。村落部の家屋は，骨格こそ木材で組まれているものの，壁の素材は大型草本（単子葉植物）をさまざまなかたちで利用している。その素材とは，イネ科の各種タケ類や，タコノキ科のパンダヌス（アダン）の葉，ヤシ科のラフィアの葉軸，ゴクラクチョウカ科のオウギバショウ（タビビトノキ，リョジンボク[3)]）の幹の内部にある層などだ（図1）[4)]。木材を多用しないのは不思議に思えるが，堅い木材よりも大型草本のほうが加工しやすく，プロの大工が少ない村落部では便利なのかもしれない。また，軽いわりに丈夫であることも，運搬を容易にする利点があるかもしれない。

降雨の多い東部の大型草本，降雨がやや少ない中央高地部の焼きレンガ，降雨がもっとも少ない西海岸の土壁。大ざっぱにみると，これらがマダガスカルの家屋によく用いられている素材だ。このことを念頭に置いて，以下では，中央高地部の東縁に住む焼畑農耕民ザフィマニリの木造家屋と，西海岸部に住む漁撈民ヴェズの家屋をみてみよう。

図1 オウギバショウの幹を壁材とし，葉を屋根材として作った家屋

2. 中央高地東部，ザフィマニリの木造家屋

ザフィマニリの人たちが住んでいる地域は，中央高地が東海岸にむけて落ちこむあたり，いわば台地のへりにあたる地域だ。標高は 1000～1800m と高く，気温が低い。降雨量は 2000mm 前後とやや少なめだが，それでもこの地域では植物の成長が旺盛で，中央高地の他の地域に較べると広い面積の森林が残されている。

その理由は，霧が頻繁に発生し，植物が育つのを助けているからだ。マダガスカルでは恒常的に，インド洋側（東側）から貿易風が吹きつけてきており，東海岸に多くの雨を降らせる。雨を降らせた後で若干の湿り気を帯びた風は，中央高地の東側斜面を駆けあがって，ザフィマニリの住む地域にも達する。このときに，風のなかの湿り気が高地の冷気に冷やされて凝結し，霧となるのだ。このために，降雨量から予想されるよりも植物がよく育つ。生態学や地理学では，こうして霧に涵養される高地の森を雲霧林と呼んでいる。ザフィマニリの人びとは，こうした森で焼畑農耕をおこないながら暮らしてきた。[5]

森が比較的多く残っているもうひとつの理由として，地形が急峻で自動車道路を整備しにくく，商業的な伐採があまりおこなわれてこなかったことがあげられる。この地域では，交通の不便さが人の活動を制限し，人やモノの行き来を阻んできた。このため，人為的な生態系攪乱が比較的軽微だったほか，相対的に孤立した文化環境のなかで，他の地域でみられなくなった習俗が温存されている。ザフィマニリの木造家屋建築も，かつて中央高地一帯に広がっていた建築技術の残存だといわれる（図2）。

20世紀前半頃，中央高地にかなりの数の木造民家が残っていたことは，ヨーロッパ人らの記録からも推察される［Decary 1958］。しかし19世紀後半頃から，市街地や幹線道路沿いの木造家屋は，日干しレンガ[6]や焼きレンガで作ったものへ次第に

[5] 20世紀半ばには稲作が導入され，地域によっては焼畑がほとんどおこなわれなくなりつつある。

[6] 焼きレンガのように高温で焼いたのではなく，たんに天日乾燥しただけのレンガ。焼きレンガよりも脆いため，現在使われている形跡はほとんどない。

図2 ザフィマニリの木造家屋

図3 焼きレンガで作った家屋

7) 屋根裏には，南北の切妻面に2枚ずつ，合計4枚の窓。1階の生活空間には，東西南北の壁面に4枚ずつ，合計8枚の窓。両者を合わせて12枚となる。ただし，そのうち1枚は出入り口の扉でもある。

8) ザフィマニリの人口は，多く見積もっても

図4・5 窓にほどこされたザフィマニリの意匠

置きかわっていった（図3）。これは，建築に適した木材が容易に得られなかったのに対し，レンガは需要に応じて大量生産できたためだろう。人口が増加した地域では森林面積が縮小し，木材は遠方から搬送しなければならなくなり，木材のコストはますます跳ねあがっていった。しかしザフィマニリの住む山間部では，交通が不便なために地域外まで木材を搬送することがほとんどなく，地域住民が森林資源を比較的自由に利用できた。木材価格が，他の地域のように高騰しなかったのだ。こうした複数の要因が，他の地域でみられなくなった木造家屋をザフィマニリの森に残すことにつながった。

ザフィマニリの家屋がマダガスカルでもユニークとされる理由は，もうひとつある。家の四方にとり付けられている開き戸式の木製窓に，幾何学的な浮き彫りがほどこされているのだ。多くの場合，屋根裏を含めて，1軒の家には12枚の窓がある。その1枚1枚に，方形や円弧を組みあわせた文様がほどこされ，家屋を装飾しているのだ（図4・5）。この浮き彫り文様は，みやげもの（ツーリスト・アート）にもとり入れられて有名になり，2008年には，ザフィマニリの人びとがもつ木彫りについての知識がユネスコ無形文化遺産に登録された。

日本の人びとは，この文様は家紋ではないかとか，魔除けの効果があるのだろうとか，さまざまな想像をめぐらせるようだ。だが，そうした考えかたは，うがちすぎといわざるをえない。1軒の家には，さまざまなモチーフの文様がほどこされており（同じ方向を向く一対の窓には，同じ文様がほどこされていることが多い），複数の家を較べてみても，共通するモチーフはそれほど多くない。もしこれが家紋であれば，1軒の家があまりにも多くの家紋をもつことになって不自然だし，魔除けであれば，どの家にも共通したモチーフがないことはやはり不自然だろう。じっさいに住んでいる人に聞いてみても，これらの文様は純粋な装飾と考えたほうがよさそうだ［飯田2013b］。

3. 文化的持続性の表現としての家屋

　ザフィマニリの人びとは，周辺民族にみられないユニークな家屋建築を，世代を超えてうけ継いできた。この事実だけをもってしても，ザフィマニリの家屋建築は，エスニック・シンボルとしての資格を備えている[8]。しかしザフィマニリの人びとは，それにとどまらず，彼らの住む家屋が彼らの理想を体現すると考えている。理想をかたちに表現する点でも，家屋建築は，ザフィマニリ文化の重要な一角を成すといえる。

　ザフィマニリの家屋は，釘を使わず，ほぞとほぞ穴の組みあわせで作られる（図6）。大きな指しものとみなせるわけだ[9]。複数の部材が互いに支えあいひとつの統一体を形づくるようすを，ザフィマニリの人びとは，人間の支えあいになぞらえることがある。強制（釘という金属具）によるのではなく，愛情や協調によって社会を作っていくことを，家屋建築から学ぶべきというわけだ［飯田 2013a］。

　さらに，ザフィマニリの家屋建築は，家族の成長を示すともいわれる。結婚したばかりの若い夫婦は，大きな家屋を作る資力をもたず，普請に大勢を動員する社会的地位ももたない。このため小さく簡素な家屋に住まう。しかし貯蓄ができ，息子たちが普請を手伝えるようになると，大きな家を建てるようになる。とはいえ，家の壁に丈夫な部材を使うには相当な資力が必要なので，若夫婦の家では，タケを編んで壁を塞ぐなど，簡素な素材を使うことが多い（注3参照，図7）。やがて貯蓄ができると，簡素な素材は徐々に板材に置きかえられ，家屋としての強度が増す。そしてついには，多数の部材が支えあう立派な木造建築ができあがる。大きさや丈夫さによって，その家に住む者の経歴や社会的地位も推しはかることができるのだ［Bloch 1995］。

　このようにザフィマニリの家屋は，文化的な統合や理想，社会的な達成を示す

1万人を大きく越えることはなく，マダガスカルの民族としては少数といってよい。このためザフィマニリの人たちは，自分たちをひとつの民族だとは考えず，ベツィレオ人であるとか，メリナ人やベツィレオ人が共存した集団だと考えることがある。しかし，ザフィマニリの木彫りが有名になってくるにしたがって，少数ではあってもザフィマニリはひとつの民族だ，という考えかたが次第に広がりつつある［内堀 2013］。

図6　柱と梁・桁の組みかた

9）　複数の板や材を組みあわせて作った家具や調度品のこと。日本では，大阪唐木指物，京指物，江戸指物などが有名で，経済産業省から伝統的工芸品としての認定を受けている。

図7　ひしぎ竹を壁に用いた家屋

造形物であり，都市生活者に対しても，村落生活の気高さを訴えるだけの力をもっている。2014年現在，この木造家屋を建てようとするザフィマニリに対して，フランスのある援助団体は助成すらおこなっている。いわばザフィマニリの文化的価値は外部者からも認められたかたちになっているが，心配なこともある。家を1軒建てるためには，それぞれの部材に適した樹木を伐らねばならない。樹種によっては，個体数が少なくなり，遠くまで探しにいって調達しなければならないというのが現状だ。家屋を建てれば建てるだけ，部材に適した樹種が減っていくことが懸念される。

とくに，棟木や桁などの長い部材，および大きな負荷がかかる四隅の柱，長いうえに負荷がかかりやすい棟持ち柱などは，特別な樹種を用いなければならない。とりわけ，長い棟木を中央で支える「熱い棟持ち柱」，および両端で支える2本の「冷たい棟持ち柱」は，ナトゥというアカテツ科の樹種（*Faucherea parvifolia*）でなければならないという考えかたが強い。その理由のひとつとして，この樹の木片や樹皮からは赤い染料が採れ，高貴な者の衣服を染めるのに使われてきたことがある。つまり，高貴な樹種をこそ，建築の中心に据えるべきという考えかただ。しかしもうひとつの理由として，この樹種は生長が遅く，年輪の幅が狭いので，材が高密度で堅いということも無視できない。もし生長の早い樹種を棟持ち柱に使ったとしたら，屋根から受ける重みに耐えきれず，大風などで破損してしまう可能性も考えられる。

だがじっさいには，ナトゥばかりが棟持ち柱に使われているわけではない。建材としても染料としても，あるいはきぬたなどの道具を作る素材としても有用なこの樹種は，年々みつけにくくなり，他の樹種が代用される傾向が続いている。1990年代頃まではフトモモ科のルチャという樹種（*Eugenia fosypium*）を代用することが多かった。

あるときわたしは，ある村に建っている31軒の木造家屋すべてを対象として，棟持ち柱に何の木が使われているのか

10）2方向に傾斜する屋根が合わさる部分を棟，それに用いられる部材を棟木，棟木に平行な部材を桁と呼ぶ。また，棟を支える垂直な部材を棟持ち柱と呼ぶ。ザフィマニリ語での部材の名称については，飯田［2013a］を参照。

11）棟木を中央で支える棟持ち柱（andry mafana）の「マファナ」，棟木を両端で支える棟持ち柱（andry mangisy）の「マンギシ」は，それぞれ「熱い」「冷たい」を意味する形容詞。

12）繊維や衣類を柔らかくするために打ちつける槌。ザフィマニリの女性たちは，ござなどを編むために草本類からとった繊維を柔らかくするため，片手で持つのがつらいくらい重いきぬたを使う。

尋ねた。棟持ち柱の数でいうと，89本について聞きこみをしたことになる。その結果を示したのが図8で，これをみると，新しい家屋ほど代用樹種を棟持ち柱にあてることが多いのがわかる。2006年以降に建てられた家屋では，ナトゥやルチャをほとんど使っていないというのが実情だ。

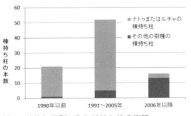
図8 建築年代別にみた棟持ち柱の樹種

別の事例をあげよう。先にふれたフランスの援助団体が2013年7月から2014年3月の半年間に助成して建てた10軒の家屋のうち，5軒の家の中のようすを見せてもらえた。このうち，中央の棟持ち柱にナトゥを用いていたのは，60％にあたる3軒だった。図8に示した結果と比較してみると，いくぶん事態が改善したように思えるかもしれない。しかし，外部からの助成をもって調達された木材には，通常よりも高価なものが多く含まれると考えたほうが自然である。それにもかかわらず，ナトゥ以外の樹種が依然40％も含まれている。ハズアンブというこの樹種は，まだ同定できていない。

また，ナトゥやルチャが使われているからといって，適切な木材が選ばれているとはかぎらない。これらの家屋が建てられた村で聞きこみをしてみると，ある村人は次のように語った。

「あたらしく建った家の多くは，樹齢の若い木を使っている。樹齢の若い木は，古木に較べると破損しやすいので，あたらしい家は長くもたないと思う。昔の家は何十年も建っていたが，あたらしい家は5年から10年の寿命だと考えている。」

住んでいる家が家族の歴史や文化的価値を示し，なおかつ民族集団のアイデンティティの拠りどころとなっているのは，すばらしいことだ。しかし，部材供給の生態的基盤がそれに見合うほど長期間存続できるかどうかは，まだわからない。なぜなら，ナトゥやルチャのように天然林でみつかる樹種は，容易に植林できないからだ。ザフィマニリの人たちは，いまや，文化と自然の複雑なバランスを考えなければならなくな

っている。

4. 西海岸部, ヴェズの家屋

ザフィマニリの家屋は, ヒトの人生に見合うていどの持続性をふまえて, 文化的な役割を担わされてきた。これと対照的なのが, 漁撈民ヴェズの家屋だ。それはいわば, ものごとを風化させる時間の圧力に逆らうことなく, 古びた家屋をあっさり捨ててはふたたび新築するという考えかたにもとづいている（図9）。

ヴェズの人びと自身, 歴史に根ざした考えかたには囚われない。たとえば, 尊属[13]の名や事績を, それほど古い時代にまで遡って記憶していない。ヴェズ人のアイデンティティもまた, 過去から続く出自ではなく, 海で生計を立てる能力の現在的なありかたに, 根拠の重きを置いている。王国のなかではたした役割よりも, そこから逃げだしたという事実のほうを重視し, 王国との関係を語りたがらない [Astuti 1995]。過去を記憶するよりむしろ忘却し, 現在の生きかたを重視する傾向がみられるのだ。

こうした時間感覚は, 厳しい自然によっても助長される。この地域ではサンゴ礁が発達しており, それに由来する石灰岩が風化して大量の砂を産する。その砂は, 年を追って増えるのみならず, 季節的に強くなる南風[14]に運ばれて, 刻々と砂丘地形を変貌させる。そうした砂丘のほど近くに建てた観光客用のバンガローが, 10年あまりのあいだに砂丘に呑みこまれることがある。わたしが泊まったことのあるバンガローも, 数年ののちに砂丘に呑みこまれて閉鎖されてしまった。ここでは, 自然の威力によって, 人間の打算がはかなくうち砕かれてしまう。

砂と風だけではない。紫外線の力も

13) 上の世代に属する親族のこと。

14) この風は, 4月から10月にかけて卓越する。この時季, 北半球の日本では夏だが, 南半球のマダガスカルでは冬（乾季）にあたる。マダガスカルの南風は, 日本でいえば, 北から吹きつける木枯らしに相当しよう。

図9 ガマを用いたヴェズの家屋

強烈だ．洗濯ものを天日で乾かすと徐々に脱色してしまう．おそらくそのためだろう，日本ほど衣服が長もちしない．ヴェズの人たちが短いサイクルで衣服を購入するのは，着道楽だけによるのではないのだ．尾籠な話を許してもらえば，用便の痕跡も長もちしない．わずか数日のうちに作品が土くれになり，不潔な印象が拭いさられてしまうのだ．

　こうした時間感覚のもとでは，時間をかけて家を完成させることは考えにくい．ヴェズの家屋は，たいてい長辺4m，短辺3mほどの大きさで，夫婦と幼い子どもたちだけが住まう．調理のためには，別棟の炊事小屋を建てることが多い．二次性徴を迎えてから結婚するまでの若者は，尊属の夜の営みを意識することのないよう，またみずからも異性と出会う機会をもてるよう，炊事小屋などの粗末な建てものを寝場所として与えられる．原則として同性の者たちが起居するが，逢いびきにさいしては同居者たちが気を利かせ，友人のもとに身を寄せてお膳立をする．こうした生活を経たのち，若者たちは，結婚するとさっさと自分たちの家を建てる．もちろんそのための貯蓄はするが，とくに簡素な素材で作った家屋の場合，古くなれば惜し気もなく弟や妹に与えたりする．

　ヴェズたちの家屋は，木材で骨格を作り，ガマの葉や茎で壁を塞ぎ屋根を葺いたものだ．木材といっても，直径はせいぜい10cmあまりと細い．全体的に軽量の家屋だから，柱にもそれほど重みがかからず，頑丈な木材は必要ないのだ（図10）．床は作らない．さらさらした砂地に建てることが多く，雨水が流れこむ心配がないので，砂地の上にござを敷いて床代わりにする．

　本章の冒頭で，西海岸部には土壁の家屋が多いと述べたが，ヴェズたちは西海岸部に住むにもかかわらず，土壁の家屋に住むことはほとんどない．これは，粘性のまったくない砂が周囲に多く，粘土が入手しにくいためだろう．

　頑丈な素材で作った家も，ないわけではない．壁

図10　ヴェズの家屋の骨組み

家屋の堅牢さと手軽さ / 109

図11 トタン屋根を備えた大きな家屋

にトタンや板材を使ったり，粘土の代わりに貝を焼いて作った石膏で壁を塗ったりしたものがある．大きさはまちまちだが，長辺6mていどには大きくなる．ガマで壁を塞ぐ場合は1軒に1室がふつうだが，大きな家では2，3室を備えたものも少なくない（図11）．ただし，大きな家の工事は，村の景気に左右されることが多くて，わたしが調査した村では，1990年代後半以降に建てられたものが多い．こうした新しいものを別とすれば，とくに若い夫婦や未婚者が住む家屋は，ガマの葉や茎を使ったものがほとんどだ．

5. 移動する家屋

　ガマの葉と茎でできた家は，木材部分を含めても軽い．どのくらい軽いかというと，10名ほどの男たちで担ごうと思えば担げるほどだ．じっさいにわたしは，男たちが家屋を神輿のように担いでいるのを見たことがある．梁に直行するように，家桁よりも長い棒を渡し，その下を男たちが肩で支えて，家を数mほど移動させたのだ．たしか，手ぜまな敷地にもう1軒家を建てることになったので，家の配置を少し変えたのだと思う．いくら軽量とはいえこのようなことができるのは，基礎工事が簡単な掘立柱建物で[15]，家と地面のあいだをセメントなどでぬり固めていなかったためだろう．家の場所を変えられるというのは，日本の建築に慣れたわたしには大きな驚きだった．

　もうひとつ驚いたことがある．わたしが調査した村には電気がなかったので，灯油ランプを使っていたのだが，ガマの茎が灯油ランプの芯になるというので，同居人が壁の一部を抜きとってランプの芯にしてしまったのだ．ランプの芯だけではない．細いところに入りこんだ小さなものを取るとき，手が届かないので，ガマの茎を壁から抜いて杖代わりにした．ガマの茎を爪楊枝代わりに使っていた客人もいたように思う．こうして，わたしが住んでいた家は，1年ほど経つと，壁が

[15] 柱の何本かを地面に埋めることで地面に固定されている建築のこと．ふつう，柱を立てることから工事が始まる．

薄くなって隙間風が入るようになった。ある朝，バリバリという大きな音がしたので飛び起きると，放し飼いにしていたヤギがガマを壁からひき抜いて食べていた。ヤギの口でもガマの束を掴みとれるほど，壁は隙間だらけになっていたのだ。

　このことからわかるように，壁や屋根は消耗品で，定期的にガマを交換したり補充したりする必要がある。とりわけ9月から11月にかけて，強い南風が少なく雨も降らない「春」の時季には，この作業をよくみかける。昔から場所を変えずに建っている家屋でも，素材は新陳代謝をして，年々新しくなっているのだ。

　新陳代謝をしない骨格部分は，ザフィマニリの頑丈な家に較べるとわずかな量なので，ヴェズは家を建てるのに大きなコストをかけないといってよい。若者たちは結婚すると，それまで寝泊まりしていた家を弟や妹，イトコたちに譲る。この場合の家は，背がつかえるほどの高さで，長辺も2mあまりの小さな家であることが多い。しかし，夫婦とその子どもたちが住まっていたもっと大きな家でも，惜しげなく壊されることがある。家の主が亡くなり，住む者がいなくなってしまったときなどがそうで，死者を収めた棺を運びだすとき，東の壁を破って出棺するのだ。[16]

　ヴェズの村では多くの場合，家の戸口が西壁の南側についている。ヴェズたち自身の説明によると，家を出たときに海のようすがよく見えるためだという。しかしそれだと，海が見えない場所でも同じ作りになっていることの説明にならない。おそらく，様式を外れた作りかたは，住む者になんらかの不便を感じさせるのだろう。ただひとつ，様式に従っていても生じる不都合は，死者の入った棺を東の墓地にむけて運びだすとき，西の戸口まで戻ると縁起が悪いとされていることだ。おそらく，死者の魂が現世に戻ってきてしまうのを恐れてのことだろう。

　そのようなわけで，死者を収めた棺は，西の戸口からでなく，戸のついていない東側の壁を破って出棺する。死者の頭

[16] 独り暮らしの者が亡くなった場合がこれにあたる。しかし，老夫婦が住んでいて片方が亡くなった場合でも，残った一人が住む場所を移り，家を壊してしまうことがある。

は，つねに東向きである。棺を無事に墓に安置して石で覆った後，村に帰りつくと，主を失って無残に壊された家が村人を待っている。この家も，多くの場合，翌日には解体して燃やされてしまう。一種の浄めと解釈できよう。現在では，トタンや板材，石膏で作った家など，耐久性のある家屋をこのように壊したりしない。病気の者が息をひき取りそうなときには，事前に粗末な家に移すことが多いようだ。

かつては，死者が出ると家を移動しただけではない。村そのものを移して数キロメートルも移動したことがあったようだ。そうした例は極端だったかもしれないが，わたしの調査地でも，村の創始者が亡くなったときには家屋を100m以上移動させている。こうしたことをふまえてみると，軽い素材で家屋を建てることが多かった時代には，耐用年数を待たずに壊された家が多かったといえる。家は，消耗品とまではいわないが，必要に応じていつでも作れた点で，工具や食器などの非耐久消費財に似た面ももっていたわけだ。

要約すれば，扱いやすい素材で作って，不要になったらすぐ捨てる。こうしたいわば「製作の手軽さ」が，ガマを用いたヴェズの家屋にはあったといえる。

このことは，ヴェズの人たちが海岸沿いを移動しながら生活していることと関わっているのかもしれない。ヴェズの人たちは，帆をかけた船を用いて，数十キロメートル離れた町や村々を日常的に移動する。親戚を訪問したり，商店の多い町で買いだしをしたりするのにも船を使う［飯田 2014］。しかし，いつも日帰りできるとはかぎらない。日帰りを予定していた場合でも，風向きが悪いと帰れなくなってしまう。そうしたとき，ヴェズの人たちは焦って帰ろうとせず，即席の家屋を作って何日でも腰を据えるのだ（図12）。このテントを作るには，まず，船の帆柱（マスト）を地面に突きたてる。砂地の地面だからこそできることだ。そして，その帆柱に，

図12　帆と帆柱などで作ったヴェズのテント

船を漕ぐための棹や櫂，敷板，ヤスや銛など，細長いものを円錐形に立てかける。それを船の帆で覆うのだ。

　ヴェズの人びとはこのように，短期間のうちに住み場所を変えてきた。このことがひとつの要因となって，世代を超えて家屋を継承することに消極的だったのだろう。むしろ，住んでいた者が死ぬと家屋は壊されることが多く，継承を拒否する態度すら感じられる。しかも，紫外線と砂によって物質が風化するスピードは速く，家屋を構成する素材の大部分が定期的な新陳代謝を必要とする。こうしたなかでは，安価で軽量な素材をできるだけ少なく用いて作る「手軽な」家屋に，高い需要が生じたといえる。

6. 堅牢さと手軽さのバランス

　「堅牢な」ザフィマニリの家屋と，「手軽な」ヴェズの家屋を対比してきた。ただし，最後に強調したいのは，ザフィマニリの家屋がいつの時代にも堅牢とはかぎらず，ヴェズの家屋もつねに手軽とはいえないことだ。

　ヴェズのあいだに堅牢な家屋が少しずつ広がってきていることは，すでに述べた。この現象の背景には，堅牢な素材を入手しやすくなったことがあげられよう。しかし，いくら堅牢な家屋にも寿命があるので，いつかはとり壊さなければならない。そうなったとき，堅牢な家屋が大多数になっているのか，それとも手軽さのほうが重視されて堅牢な家屋は減っているのか，現時点では予測できない。歴史的には，手軽さのメリットが大きかったというだけの話だ。

　いっぽうザフィマニリの家屋でも，手軽さが重視された時代があっても不思議でない。調査地の木造家屋がどの時代に建てられたかひとつひとつ尋ねていたとき，ある家屋は別の村の近くに建っていたのだと聞かされた。考えてみれば，伝統的に焼畑耕作に依存してきたザフィマニリは，耕地の地力が回復するのを待つため，十数年に一度は住み場所を変えていたはずだ。釘を使わずに建てた木造家屋も解体され，移設

されることがあったのだ。多数の部材を背負って山道を歩くことは難儀だっただろうが，あらたに木を伐りだすよりは簡単だったのだろう。

　このようにすべての家屋には，堅牢なことによって生ずるメリットと，手軽なことによって生ずるメリットの両方がある。われわれの家屋だって，堅牢なほうが住み心地がよいだろうが，転勤や相続を考えて手軽さを重視する（正確には，堅牢さを犠牲にする）ことがあるではないか。どのあたりに妥協点を見いだすかは，地域によって，時代によって，さらには個人によっても異なる。そのことを頭に置いて世界じゅうの家屋建築をみていきたいし，わが家の住まいも考えていきたい。

飯田　卓

※　本研究の実施にあたり，JSPS 科研費 21242034，22310159，2524443，25360035 の助成を受けました。記して感謝いたします。

参考文献

飯田卓　2013a．「文化の象徴としての家」国立民族学博物館（編）『霧の森の叡智——マダガスカル，無形文化遺産のものづくり』国立民族学博物館，pp. 48-55。
飯田卓　2013b．「焼畑から受け継いだ粗さと細やかさ」国立民族学博物館（編）『霧の森の叡智——マダガスカル，無形文化遺産のものづくり』国立民族学博物館，pp. 68-75。
飯田卓　2013c．「コロニアル建築」飯田卓・深澤秀夫・森山工（編）『マダガスカルを知るための 62 章』明石書店，pp. 237-241。
飯田卓　2014．『身をもって知る技法——マダガスカルの漁師に学ぶ』臨川書店。
内堀基光　2013．「村落生活における時間と空間」国立民族学博物館（編）『霧の森の叡智——マダガスカル，無形文化遺産のものづくり』国立民族学博物館，pp. 118-125。
Astuti, Rita 1995. *People of the Sea: Identity and Descent among the Vezo of Madagascar*, Cambridge: Cambridge University Press.
Bloch, Maurice 1995. The resurrection of the house amongst the Zafimaniry of Madagascar, in Janet Carsten and Stephen Hugh-Jones (eds.) A*bout the House: Lévi-Strauss and Beyond*, Cambridge: Cambridge University Press, pp. 69-83.
Decary, Raymond 1958. *Contribution à l'étude de l'habitation à Madagascar*, Pau: Imprimerie Marrimpouey.

巨石で屋根を葺いた人々
―― 対馬のくらし

1.「問」伝統民家はいかに継承すべきか

　本章の舞台は，韓国との国境の島，対馬である（図1）。地震の少ない対馬には，図2のような石屋根の文化がある。不整形の屋根石を葺くのは対馬固有の技術で，主としてコヤ（小屋）と呼ばれる倉の屋根に見られる。地元で採石された葺き石は，大きいもので長さ約5m，厚さ約15cm，重量は100kg以上に及ぶ。写真の人物は，この石屋根のコヤの所有者であり，かつ，屋根葺きをされた本人である。しかし，専業の職人ではない。昭和30年代まで，この重い屋根石を葺く作業は，集落全戸の住民を総動員して相互扶助で行われた。扁平な巨石を採り屋根を葺くことは，集落の一大行事であり，かつては誰もがその施工を経験していたのである。しかし，現在は大規模な人手を必要としない職人の施工による簡便な瓦葺きが普及し，伝統的な石屋根の葺き方を知る人はわずかになっている。

図1　対馬と各集落の位置

　地域の資源を用い，そこに住む人々の手でつくられた伝統民家の持つカタチは，その土地の暮らしや技術と結びついた居住文化の表れと言える。しかし，対馬に限らず，近代化とともに伝統民家の普請の担い手は家族や親戚，近隣住民という互助組織から請負業者へと移行した。民家普請と地域の資源や生業と

図2　石屋根のコヤ（三山清喜氏，久根田舎）

の関係が薄れ始めてから既に半世紀以上が経過しようとしている。普請はおろか，伝統民家に住んだ経験もない人口が増えるなか，貴重な経験者たちと対話できる最後の時代になるかもしれない我々は，伝統民家とそこに込められた居住文化をどのように未来に引き継ぐべきであろうか。これが本章の問いである。伝統民家の継承と聞くと，建物の保存のみを想像する読者が多いかもしれない。しかし，その居住文化の継承とは，建物をそうした「眺めるだけの存在」とすることだけで充分だろうか。以降，本章では限定された環境条件であることから暮らしと建物との関連が読み解きやすい離島に着目し，対馬の石屋根文化を事例に取り上げる。他に類例のない巨石を載せる石屋根が生まれた背景にある島の暮らしの全体像やそのカタチの特徴を詳述することで，伝統民家の今後の継承の方策について読者と共に考えたい。

2. 限られた耕地，そして強風
山地の卓越する島での暮らし

対馬は南北82km，東西18kmの南北に長い島で，人口3万1634人（2014年11月時点）が生活している。島の87％は標高300m前後の急峻な山林で，シイやカシなどの照葉樹林が残り，マツとの混合林を形成している。耕地面積はわずかに4％で田に向く沖積平野はほとんどないため，耕地の不足から山地の傾斜面や山麓では木庭作が行われ，段々畑が形成された（図3）。本土の木庭作では一般的に畑や水田耕作に先立って補足的にソバ，アワ，ヒエなどを栽培するのに対し，対馬の木庭作は主食の確保を目的としてムギが最も多くつくられ，耕作は昭和初期まで続けられた。集落の多くは海辺や川沿いのわずかな平地に形成されているが，海辺の集落であっても交通や魚の貯蔵が発達していない近世以前の漁業は限定的で，対馬藩が農本政策をとったこともあり，海の利用は施肥を目的とした海藻や雑魚の採取が主であった［月川1988：29］。

1）木庭作とは，九州地方で焼畑農業のことを指す。木庭は「山」を意味し，山の木を伐採・焼却して整地し，作物をつくる。耕作後は一定期間放置して地力を回復させるのが特徴で，対馬の場合は2～3年の耕作の後放置し，一カ所の木庭を15～25年の周期で利用していた。

2）幕府から知行地を与えられた郷士のこと。

3）慣習的な海辺の使用権。

図3 海沿いに形成された集落と段々畑（青海）

このような限られた資源を利用するために生まれたのが対馬の緊密な互助慣行である。対馬藩は1660年から1664年にかけて検地を実施し，郷村に配分した。そして以後は他地域からの移住者や長男以外の子どもにその権限を分配させず，細分化を防ぐ策をとった。割り当てられた耕地だけでも年間の食料に事欠く対馬で，さらにそれ以上の分配は非現実的だったのである。明治になってもその意識は強く，それまで耕地を有していた給人(きゅうにん2)と百姓は「本戸(ほんこ)」と呼ばれ，近世以来の耕地や共有の山林，先述の施肥のための磯の地先権(ちさきけん3)を世襲し，農作業や共有山の管理，海での採藻等に，同じ戸数の構成員で共同従事し続けたのである。対馬の主な相互扶助の呼称には，カタヨリ，モヤイ，そしてカセイ（加勢）がある［直江・竹田1988：233］。カタヨリは，労働返しが必要な交換労働[4]で，主に親戚を中心として田畑や木庭の耕作を行った。モヤイは，労働だけでなく，その利益を共同分配する労働形態を言い，山林や海での仕事を，親戚だけでなく地縁的な組織で行うものだった。カセイはそれらと異なり，無償の手助けや労働奉仕と言えるもので，山や海での仕事に支障が出た家があった時にそれを助けたものである。建築普請もこのカセイで行われ，無償で何日でも手伝うのが通例だった。大工仕事はもちろん，伐採から木挽き，石屋根のような屋根葺きにいたるまで，あらゆる作業がその対象だったのである。

強風と火災

　対馬の民家[5]を訪ねると，多くが敷地の周囲に高さ6尺(1.8m)，幅3尺(90cm)前後の石垣を巡らせており（図4），道路面から敷地を掘り下げたものもあるのに気付く。これは強風地域によく見られる屋敷構えである。先述のように建物の中で石屋根が葺かれたのは一般にはコヤと呼ばれる倉だけであるが，海岸沿いの集落ではコヤの他に浜に建つ原初的なつくりのモゴヤ(藻小屋)[6]（図5）やフナヤ（舟屋）にも一部石屋

4）本土では通例同等の労力を返済することとされ，釣り合いがとれないことは不義理とされたが，対馬の労働返しにあたるカタヨリモドシは，男手を女手で返す，牛のカタヨリを人手で返す等，等価かどうかは本土ほど厳密ではなかった［直江・竹田1954，234］。

5）郷村に住む給人は自ら耕作をすることも多く，農家とほとんど変わらないことから，本章では給人と農民の家を対馬の民家とした。

図4　敷地境界に軒先まで積まれた石垣（久田）

6）モゴヤは乾燥させた藻を麦作の肥料とするため貯蔵する小屋である。対馬は海藻の繁茂が顕著で，ドロモ，ホンダワラ，カジモなどを採取して乾燥させ，肥料とした。これらは海辺のモゴヤに入れられ，畑麦作，甘藷等の肥料とされた。

図5　石屋根から瓦に葺き替えられたモゴヤ（青海）

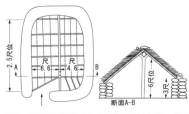

図6 石原憲司の記録した石屋根のモゴヤ（[石原1985：324] を筆者トレース）

図7 瓦に載せられた石（久田）

7）1839年に「郷村給人の功労ある者に限り，願い出により本屋瓦葺きを許す」とある。

8）対馬ではサツマイモを切って軒下に吊るし，乾燥させたものをホーシ，丸くこねて天日乾燥させたものをセンダンゴと言い，保存食とした。

9）こうした倉を隔離・集約させる配置は，「群倉」と呼ばれ，長野県安曇野，福島県南檜枝岐，奄美大島，下北半島

図8 海岸沿いに集約して建てられたコヤ群（鰐浦）

根が葺かれていたことが分かっている（図6）。また主屋でも瓦が飛ばされないようにしばしば石が多数載せられているのを見ることができ（図7），石を屋根に載せることは強風への備えであることを想起させるのである。

また，強風地域では火災時には類焼の危険性が高まる。その上，対馬藩により，限られた給人以外は主屋の瓦葺きが許されなかったため，近世以前の主屋は茅葺きや板葺きで火災が絶えなかった。明治以降に肥前船の持ち込む瓦が普及し，ようやく不燃化が実現したのである。敷地には，牛馬を一緒に飼育するウマヤ（厩），便所，釜屋等の付属小屋があるが，石屋根が葺かれたのはコヤだけであるため，優先的に倉の屋根を不燃化したと言える。石屋根は，コヤという防火に特化した建物をつくるために普及したものと思われる。コヤのなかには米や麦の他，ホーシやセンダンゴ等の保存食を貯蔵し，什器や衣装類など全ての財産が入れられた。徹底した防火の備えはその配置にも表れている。コヤは，敷地に余裕があれば火を扱う主屋から離して屋敷の中に建てるが，ほとんどの場合，類焼を避けて宅地から離れた場所に建てられた。倉まで距離があるため不便だが，それでも主屋か，財産を納めた倉か，いずれかが災害を免れれば生き延びることができる。給人層は田畑等に1棟を独立して建てる場合が多いが，多くは畑の「ベー（作業場である広場）」の付近や，道沿い，山裾，川岸，海岸付近等に，数戸の倉を集約して建て（図8），その一帯は「コヤ屋敷」と呼ばれた。例えば舟志という場所では，コヤ屋敷は畑やベーの空地を挟んで主屋から10間（18.2m）離すという決まりがあったと言う（図9）。また，あんどんの灯からの引火を恐れて「夜はコヤに行ってはならない」という取り決めをつくっていたのである。

なお，コヤの鍵（図10）はその家の主婦が所有しており，姑は孫ができた頃に嫁へとコヤの鍵を渡し，それが主婦権の移動を意味したとも言われている［大間知1953：1300］。コヤは厳しい環境下で人々の命を守ってきた特別な建物であり，石屋根もその中で生まれたものと言えるだろう。

図9 空地を介してつくられたコヤ屋敷（舟志）

図10 コヤの鍵（古藤定氏，舟志）

など，災害時に救援を得難い離島や山奥の隔絶された場所で見られる文化である［小林1985：274］。

3. 厚い木と巨石でつくるコヤ

コヤは倉であるが，土蔵のように土は用いず，屋根以外は全て木である。コヤの構造を図11に示す。石屋根は，ヤネイタと呼ばれる1寸（3cm）厚の野地板の上に直接石を載せ，自重だけで固定される。屋根勾配は2〜4.5寸と幅があり，屋根石のずれを防ぎ，かつ雨仕舞を確保するのに最適な勾配を集落ごとに工夫したと見られる。コヤは梁間2間（3.6m），桁行2.5〜3間（4.5〜5.5m）程度の高床の切妻造り平屋建の建物で，壁や床にも1寸（3cm）の板が使用され，厚板で囲まれた

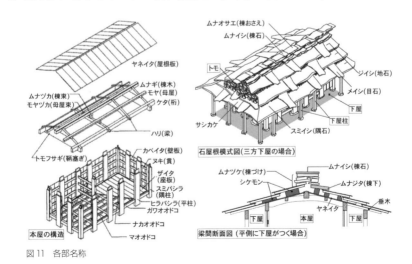

図11 各部名称

10) 対馬での山出し・運搬の呼称。

図12-① コビキノコ
（初村松雄氏，椎根）

図12-② ヨキ（初村松雄氏，椎根）

図13 幅2尺のヤネイタ
（椎根）

木の倉である。柱にはシイ等の広葉樹，梁にはマツが使われる。目を見張るのが隅柱以外に用いられたヒラバシラ（平柱）と呼ばれる長方形断面の柱で，奥行き12cmに対し幅は18～42cmもある。これら屋根石を支える堅牢な下部構造に使用する木の伐採，ツチヒキ（土引き），製材は，集落や親戚のカセイで行われた。例えば椎根では，伐採後，玉切りし，牛にひかせて山道に出した後，馬車で1本ずつ集落まで運び，1本の運搬に3，4日かかることもしばしばだったと言う。製材は，職人を家に2～3カ月泊めて行ったが，親戚や集落の経験者たちによるカセイでの木挽きも相当量あったと言う。伐採や製材に使うコビキノコ（図12-①）やヨキ（図12-②）は各家にあり，カセイの時に持参した。コヤに見られる規格外とも思われるヒラバシラや1寸（3cm）厚の厚板，幅2尺（61cm）以上もある幅広の一枚板は，そうしたカセイの成果なのである（図13）。1棟のコヤの中を2～3室に区切る場合もあるが，俵物小屋，器物小屋，衣裳小屋，と，納めるものに応じて複数棟のコヤを所有することも多かった。コヤを拡張せず，あえて小規模なコヤを複数棟所有したのは，非常時の移築に備えてのこととも考えられる。舟志では，戦時中にコヤを解体し，山中に移築して避難させたという話が聞かれた。

　石屋根は，下の段の目を塞ぐように葺き重ねる。表1のように当初は様々な大きさの石を軒先から単純に葺き重ねた素朴な葺き方（仮に「乱葺き」とする）だったと見られるが，その後幅の広い石「ジイシ（地石）」とその継ぎ目を塞ぐ幅の狭い「メイシ（目石）」とを使い分ける葺き方が出てきたと見られる。乱葺きよりも目の数が減って雨仕舞が向上し，雨漏りの箇所も特定しやすい葺き方と言える。また，そのジイシとメイシを使い分ける葺き方には，乱葺き同様に軒先から全て葺き重ねる葺き方（仮に「メイシ重ね葺き」とする）と，それを発展させた各段のジイシをシケモンという木や石の端材で支えて下の段に荷重をかけない葺き方（仮に「メイシ挿し葺き」とする）とがある。後者はメイシの抜き差しが可能であるため，

雨漏りの際には雨の侵入経路であるメイシを調整するだけでよく，全て葺き直す必要がない。また，上の段になる程緩勾配になるのを防ぐことができる。先述の海辺のモゴヤやフナヤの石屋根は「乱葺き」のみだったと思われるが，コヤでは「メイシ重ね葺き」，「メイシ挿し葺き」という維持管理や雨仕舞の点に優れる巨大なジイシを用いる葺き方が生まれたのである。

表1　葺き方の類型

	ジイシとメイシの区別		メイシの交換	棟数(棟)
乱葺き	無		不可	3 [6%]
メイシ重ね葺き				12 [24%]
メイシ挿し葺き	有		可	35 [70%]

コヤは，外壁で囲まれた切妻の構造部分を本屋と言い，その桁に垂木をかけ，下屋を一方〜四方に回すことが多い。下屋は，隣接するベーでの乾燥や脱穀等の作業と連動して使用され，稲，麦，ソバの他，殻や保存食の乾燥場，保管場であった（図14）。古いコヤは単純な切妻だったが（図15），下屋を取り付けることで，作業空間としての付加価値を高めていったものと見られる（図16）。

11) 本屋の外壁に接して設けられた片流れの屋根。対馬のコヤの下屋は吹き放ちになっているものが多い（図11参照）。

図14　コヤの前のベーでソバを干す（椎根）

図15　乱葺きで下屋のない石屋根（佐護）

図16　メイシ挿し葺きで四方下屋の石屋根（椎根）

4．カセイで行った各集落の屋根葺き

対馬には石屋根を葺く専業の職人はいない。屋根葺きは住民同士のカセイだけで行われ，熟練者がその指導にあたる（以後，「指導者」とする）。新しいコヤを建てる際は，まず大工と家主が相談し，収納する米俵の数や敷地条件によって大きさを決め，必要な石の量を概算した。採石場は集落ごとに近隣で確保していたと見られ，集落から200m程離れた海沿いの岩肌から難なく採石した青海という集落もあれば，わざわざ海底に潜って採石した鴨居瀬［城田，1983：69］という集落もあるなど，状況は様々だったようである。以下，代表的な3集落について，採石から施工までの実態を紹介しよう。

久根田舎―全戸でかついだ採石と屋根葺き―

　久根田舎は52世帯，149人（2014年時点）の集落である。敷石や基礎石，石垣用の比較的小さな石は集落近隣で確保し

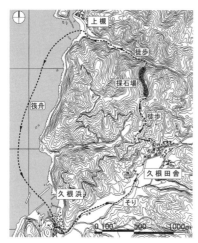

図17 久根田舎の採石行程

図18 オオボリキ（三山清喜氏，久根田舎）

図19 運搬方法の模型

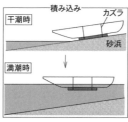

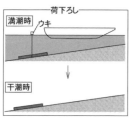

図20 石の積み下ろしの方法

図21 石を運んだ木製のそり（久田）

たが，厚さ5〜10cm程度，長さは5mを超えることもある屋根石や，1m角程度の墓石は，集落から北に比高140m程度登ったウトウギと呼ばれる沢で採石していた（図17）。

採石には，集落全戸から男性1人がカセイに出た。道具は，矢，鑿，そしてオオボリキ（図18）の3種類である。最初に矢と鑿で沢の岩盤の目に穴をあけ，そこにオオボリキを挿してテコの原理で剥がした。オオボリキは各家が所有しており，カセイの際に持参したと言う。運搬は，付近で採ったカズラを結んで輪をつくり，1回ひねって八の字にしたその交点に石を載せ，2つの輪の部分にそれぞれスギ丸太を通して担いだ（図19）。屋根石1個を7，8人で交代しながら担いで北側の麓に降り，海辺の上槻まで運んだ後は，筏で久根浜まで海上輸送した。積み下ろしには潮の満ち引きを利用した（図20）。積み込みは，干潮の間に浜に置いた石の上に筏をくくりつければ，潮が満ちると浮力が働き筏ごと浮かぶ。石が大きい場合には筏を増やした。荷下ろしは満潮時に浜近くで石を筏から切り離して海底に沈め，干潮時に回収したのである。久根浜からは木製のそりに載せ，牛に引かせて久根田舎まで戻った（図21）。陸路は約3.5kmの行程で，その3分の1は険しい山道である。早朝から約30名で出かけて1日に採れるのはわずか2個だったため，1棟分の屋根石を準備するには最低1年を要した

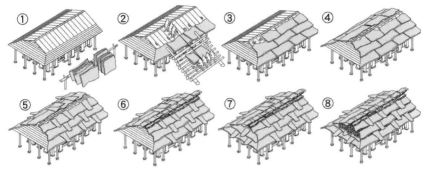

図22 久根田舎の施工手順

と言う。こうした採石が,全戸のコヤの石屋根が完成する昭和30年代まで続けられたのである。

　屋根葺きは,集落総出のカセイだった。男性たちで3日かけて屋根葺きをし,女性らはその食事の準備にあたった。その大規模な久根田舎の「メイシ挿し葺き」の工程を紹介しよう(図22)[12]。まず,集められた石をベーや河原に縦置きにし,指導者が大きさ,反りや曲がり,石の種類を見ながら配置計画を立てる(①)。次に,軒先の幅いっぱいに緩いスギ丸太の梯子をかけ,石を背負う人とその後ろで石を支える人とが数人ずつ横並びになり,背負ったまま全員で一斉に梯子段を上がる(②)。屋根まで上がると屋根にいた人たちが石を支え,背負っていた人を石の下から出し,ヤネイタに降ろす。葺く順は,まず1段目のジイシをヤネイタから3～4寸(9～12cm)出すようにして直接ヤネイタに載せ,それ以降は木や石のシケモンを挟んで勾配を調整しながら先に平側のジイシをすべて配置する(③,④)。最後に,平側の全てのメイシを挿し込む(⑤)。棟は,石を交互に重ねながら3～7段ムナヅケを積んで水平に整え,ムナイシを載せる(⑥)。妻側も同様にジイシ,メイシの順で葺く(⑦)。そしてジイシとメイシの間の段の隙間やトモフサギにカセイの人たちで小石をつめて完成する(⑧)(図23)。この大規模なカセイで葺かれた後は,ほとんど葺き替えの必要はなく,メイシの微調整で維持された。

[12] 詳しい施工法については,釜床ら[2014, 1077]に発表している。

図23　トモフサギ(久根田舎)

椎根―集落総出で葺いた島内最大規模の屋根石―

椎根の川沿いに形成された巨石の島山石を用いたコヤ屋敷は圧巻である（図24）。島山石は，先に紹介した集落で採れる自家用の石とは異なり，大正期に商用目的で採石が始まった流通石材である。採石場所は対馬中央部の浅茅湾の島山という

図24　コヤ屋敷（椎根）

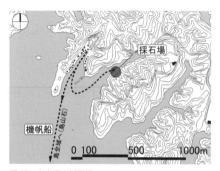

図25　島山石の採石場

集落で，手掘りではなく，専業の職人による発破採石が行われた点で画期的であった。島山の集落から500m程隔てた対岸の岸壁で採石し（図25），粗石を島山の浜辺までウィンチで運搬して浜で石工が加工し，機帆船「長喜丸」で対馬全域に輸送した。ジイシの厚みは3〜4寸（9〜12cm），長さは1間（1.8m）以上と規格を定め，石工がコヤの規模に応じて整形して出荷した。昭和30〜40年頃まで2軒が採石業を営んだと言う。巨石であることに加え，コヤにあわせて整形されたその屋根石は，それまでの手掘りの屋根石とは全く印象が異なる（図26）。

図26　島山石で葺かれたコヤ（椎根）

この近代技術がもたらした島山石を島内で最も多く使ったのが耕地に恵まれた椎根であった。椎根は47世帯，人口135人（2014年時点）で，地元の採石場で採った手掘りの石から島山石に葺き替えるようになった。島内最大規模の屋根石の施工は，集落全員のカセイで約1週間かけて行われたと言う。

昭和32年に椎根で最後に島山石のコヤをカセイで葺いた西山家の屋根葺き（図27）を紹介する。施工に先立ち，まず家主は集落全戸を回ってカセイを依頼した。

図27　西山藤生氏と島山石のコヤ（椎根）

124 / 巨石で屋根を葺いた人々

屋根葺きは男性40〜50人で行い，女性たちは1日4回約100食の賄いをつくり，仕事に参加できない子どもや年配者を含め全住民に振る舞ったと言う。島山石は背負えないため，滑車で屋根に上げた。

図28　西山家の島山石の施工

まず，スギ丸太を2本軒先に立てかけ，滑車をヤネイタの上に一列に並べる。そして，石に結んだロープをその滑車の上を通らせながらムナギ（棟木）を乗り越えてコヤの反対側の地面に打った杭の上の滑車に通し，そこで折り返して今度はコヤの床下をくぐらせ，川の対岸から家主の牛と数十人の男性が総出で引き，丸太の上を滑らせるようにして石を上げたのである（図28）。そして屋根石1個を上げる度に丸太も滑車も横に移動させ，また1個を上げる，ということを繰り返した。島山石の葺き方は，久根田舎同様，巨石のジイシを用いた葺き替えの必要がない「メイシ挿し葺き」で，恒久建築の指向としては，この整形された長大な材の登場で1つの完成を見たと言えるだろう。

豆酘―数人のカセイでひんぱんに葺き替え―

　豆酘は，386世帯803人（2014年時点）の南部の中心的集落である。豆酘では黒雲母ホルンフェルスという熱変成で3〜5cmに薄く剥離するようになった豆酘石が大量に産出したことから，コヤの屋根以外にも，敷石，石垣，基礎石，墓石等の様々な用途の他，モゴヤの屋根石にも用いられた。露天掘りの採石場（図29）はいずれも集落から数百メートルの距離と近かったため，知人や親戚の数人のカセイで採石を行い，木製のそりに載せ，牛や馬に引かせて持ち帰った。豆酘石は2，3人で持ち上げることができたため，屋根葺きは数人のカセイで行われた。

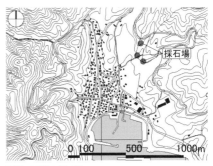
図29　豆酘の採石場

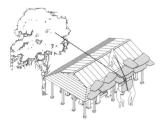

図30 豆酘石の施工

図31 乱葺きとメイシ重ね葺きの石屋根（豆酘）

13) 1985年頃の厳原町（いづはらまち）教育委員会の調査では、島南部の厳原町だけでも106棟の石屋根のコヤがあったとされる。

豆酘石をヤネイタの上からロープで引き、地上からは手で押上げて屋根に載せ、1日で葺き終わった（図30）。豆酘石は大小様々な形で整形が難しく、葺き方は主に「乱葺き」で（図31）、石が薄く風で移動することもしばしばあったが、施工の労が少ないため、雨が漏れば全面を葺き替えればよいという考え方で、数年から20年程で葺き替える簡便な石屋根だった。

5. 対馬の石屋根文化の頂点と衰退
巨石の石屋根が葺かれた背景

図32は、2005年から2007年にかけて現存する島内のコヤの分布、石の種類、建物の規模、下屋の数を調査したものである。対馬では、コヤの四面に下屋のある形を四方下屋と言い、三面の場合は三方下屋、二面の場合は二方下屋と呼ぶ。コヤは1戸が1～数棟所有し、ほとんどが石屋根だったはずだが、現存する石屋根のコヤはわずか54棟であった[13]。壊された場合もあるが、多くが瓦に葺き替えられているのである。石屋根のコヤは、島南西部の集落を中心に分布する。対馬の地形は、主分水嶺が島の東に寄っているため、西側の傾斜は緩やかで、河川も比較的大きく、河口には島では数少ない沖積平野が形成されている。そのため、西岸は近世以来集落が多く形成され、本戸らによる伝統的な農林漁の複合地域となっている。一方、東岸は、明治以降に新たな漁村が多数形成され、専業漁家が多い［月川1988：29］。特に冬期の西岸は直接風を受けるため漁に出られないのに対し、反対に東岸は風が山で遮られるため年間を通じて出漁が可能であり、陸棚も広く、リアス式の港湾としての好条件を備えていた（図33）。先述のように、対馬藩は農本政策をとって漁業を制限したが、明治になると年間操業の可能な好漁場を求めて広島や大分などから東岸に多くの移住者があり［宮本1983：29］、石屋根文化を持たない専業漁家に

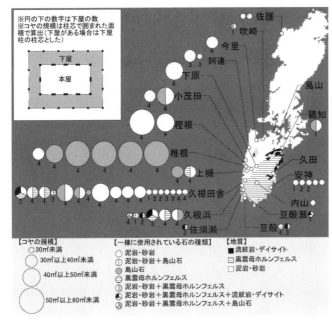

図32 コヤの分布

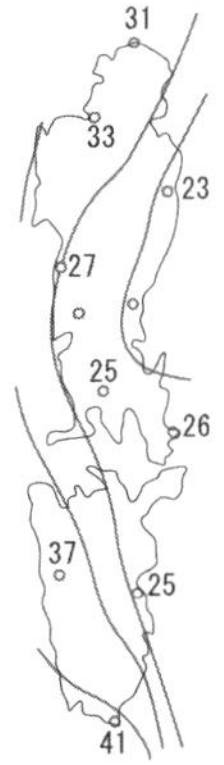

図33 暴風日数
[関口 1954：27]

　よる新しい集落が多数形成されたのである。
　また，屋根石の石の種類は地域によって異なることが分かる。いずれも地質の分布と似通っていることから，集落の近隣で採掘されたと推察される。石垣と違い，屋根材には扁平な石が必要となるが，島のほとんどが対州層群と呼ばれる第三紀海成層である泥岩砂岩互層，泥岩，砂岩で，層理面が発達しているため，手掘りでも層状に剥離することができたのである。使用されている石の種類は地質的に卓越する泥岩・砂岩が圧倒的に多いが，一部に黒雲母ホルンフェルスや，流紋岩・デイサイトも見られる。[14] このように，集めた石の形状や特性に応じて適材適所で配置し，複数の石の種類を混在させて葺く点が，民俗技術の妙と言える。
　島山石は，地質的には泥岩・砂岩であるが，近代技術が使われているため分類を別にした。椎根には島山石だけで葺か

14）黒雲母ホルンフェルスは，久根浜と豆酘で採石され［対馬教育会，1973：38］，多量に産出し，幅のある石も採れたため賞用された。流紋岩・デイサイトは久田で久田石として藩政期から採掘され，城下の厳原を中心に敷石や土木建築物に多用された御用石で［対馬教育会，1973：38］，部分的に屋根石に利用されたと見られる。

表2 各地の石屋根

	1	2	3	4	5
産地	長崎県対馬市	東京都新島村	岩手県陸前高田市,宮城県登米町・雄勝町	栃木県宇都宮市	長野県諏訪地方
呼称	ウトウギ石,島山石,他	コーガ石	玄昌石,雄勝石,登米	大谷石,徳次郎石,他	鉄平石
利用地域	対馬市全域	新島村全域	宮城県北東部から岩手県南東部にかけて	宇都宮市を中心とした広域	諏訪地方
利用建物	コヤ,馬小屋	オーヤ,石倉,家畜小屋,釜屋,便所,加工場,他	主屋,長屋門,倉,付属小屋	母屋,石倉,長屋門,作業小屋,板倉,厠,土蔵	倉,門,主屋,繭倉倉庫
利用箇所	石屋根,基壇,敷石	石屋根,石梁,貼り石壁,積石壁	石屋根,貼り石壁,敷石	石瓦,貼り石壁,積石壁	石屋根,敷石
生産組織	住民	住民・職人	職人	職人	職人

れたコヤが5棟集中しているのが分かる。島山石はいずれも30㎡以上のコヤに葺かれ、雞知を除けばすべて四方下屋であることから、下屋を持つ大型の屋根に採用されたと言える。コヤの本屋の面積にはほとんど差がないため、屋根面積の大小は下屋の有無に左右されると言える。下屋が四周につくと屋根面積は切妻の1.5〜2倍近くにもなる。建築面積40㎡以上の大型のコヤは、下原、小茂田、樫根、椎根、久根田舎の近隣5集落に集中しており、すべて四方下屋である。いずれも島内で比較的田畑が多い本戸らの集落で、屋根石の巨石化は、下屋の付加による屋根面積の拡大への対処だったとも言えるだろう。

日本の民家で石屋根を葺く文化が見られる地域は、対馬の他に、東京都新島村、北上川流域（図34）、栃木県宇都宮市、長野県諏訪地方がある（表2）。ただ、いずれも採石や施工は専業の職人が行っており、それを集落の相互扶助で行うのは対馬のみである。不整形の石を用いること、複数種の石を混在させて石の形状や特性を踏まえて適材適所に配置して葺くこと、自重で固定すること、の3点は対馬の特徴と言えよう。他の地方ではいずれも石は規格化され、釘やモルタル等で固定されるのである。

図34 玄昌石の石屋根（宮城県雄勝町）

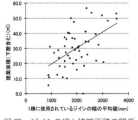

図35 ジイシの幅と建築面積の関係

図35のようにジイシの幅の平均値と建築面積（下屋含む）には正の相関が見られる。下屋の付加によって屋根面積が拡大するにつれ、ひんぱんな葺き替

えを避けるために接合部の少ない巨大なジイシを用いるようになったと考えられる。巨石の採石・施工段階の労力は大変なものであるが，屋根石の巨大化には，家の格式を表す効果もあり，それは島山石で一つの頂点に達したと言えるだろう。

　巨石の屋根が生まれた背景として，まず屋根に適する石の採掘が容易な地質で，地震が少なかったことが挙げられる。また，強風，そしてそれに伴う火災への備えが切実であったことも大きい。さらには集落が海沿いに形成され，巨石を筏で運搬できた海運技術も重要な役割を果たしたと言える。また，特に大きな石屋根の見られた島山石の葺かれた集落や四方下屋がつくられた南西部の集落は，近世に水田開発が行われた場所であり，農作業空間でもある下屋の付加とともに，その大きな屋根を葺くのに適する巨石のジイシを必要とするようになったとも言える。しかしながら，何と言っても巨石を葺くのは大変な労力である。対馬でその施工が可能であったのは，本戸という意識によって限られた資源を長年ほぼ同じ集落の構成員で分かちあい，耕作，漁業，生活において緊密な相互扶助を行ってきた社会組織があったためだろう。

　対馬の石屋根は，もとは素朴で小規模なコヤやモゴヤ等の付属小屋に葺かれていた。そこに生まれた巨石の石屋根のコヤは，島の石と森林資源を最大限に活かした農耕による安定した生活の象徴であり，維持管理の労力が少ない恒久建築を希求した建物だったと言える。防風や防火，そして最低限の雨仕舞といった石屋根に求められた屋根性能を満たすだけであれば，乱葺きや，手掘りのままでよかったはずである。それが，明らかに過剰な巨石の島山石にまでいたったのは，稲作主体の安定した生活を獲得し，長年の食料不足や災害への不安から解放され始めた中で，農家の命を守ってきた特別なコヤを相互扶助により巨石で寿いだ，暮らしの転換を象徴するカタチだったからだと考える。

現在の対馬の石屋根文化

図36　現在は米袋を収納（椎根）

コヤは，現在も倉としての機能を果たし，新築され続けている。1寸（3cm）の厚板で囲まれたコヤは調湿性に優れ，米袋，衣料品や食料，家財道具を納めるのに利用され続けているのである（図36）。しかし，屋根が石で葺かれることはなく，瓦への葺き替えは進行している。これまで述べてきたように，石の大きさや形状にあわせた施工や維持管理の合理的な構法は完成していた。しかし，昭和30年頃からその前提であった集落のカセイによる建築普請の文化が失われ，さらには農業に従事する若者の減少や，従前の農林漁業の組合への依託が進んで，共同作業の機会自体が減ってきたのである。

図37　一緒にカセイで石屋根を葺いたという三山清喜氏（左）と川向かいに住む初村好二氏（右）
（久根田舎の三山氏のコヤの前で）

石屋根葺きの技術は，相互扶助を通して次の世代に伝承されてきたが，それも困難になっている。自然石の形状を活かして葺く民俗技術は，何度か手伝いをしただけでは習得できないと言う。住民自身による定期的な施工や修繕は，貴重な技術伝承の場だったのである（図37）。屋根葺きの指導者となれる人は，現在ほとんどいない。

6. 石屋根の意味を知り，技術とともに継承

居住文化は，その時代の生業や生活様式に応じて変わっていくものである。伝統民家の継承と言っても，生業の変化した現在の対馬で再びコヤの屋根を石屋根に葺き替えることは現実的ではない。しかし，これまで述べてきたように，石屋根が生まれた背景には全戸に動員をかけるような緊密な相互扶助の存在があり，それを生んだのは，対馬の厳しい離島の住環境である。石屋根には，対馬の風土や資源と結びついた暮らしが集約されているのである。極端な話，クレーンで施工すれば，石屋根の再現は可能であるが，そうした形だけの保存では，石屋根を生んだ居住文化の表層を伝えるに過ぎないだろう。また，石屋根のコヤの立地や配置にも意味があり，

集落ごとに施工法や相互扶助組織も異なるため，移築しての保存も最後の手段と考える。地域アイデンティティの根底には，その土地の伝統文化がある。石屋根を見たことがないという世代も増えるなか，残された石屋根をその場所に留めたまま保全し，石屋根の葺かれた背景や具体的な民俗技術を含めて次世代に伝えることを提案したい。コヤはまだ利用され続けている。あとは，石屋根が小規模でも対馬の中で生きた建物と技術として存続していれば，やがては現代社会の中で対馬の地域アイデンティティを受け継ぐ新たな居住文化を生み出すに違いない。

釜床美也子

※　図11の木部の構造図の作成，図12-①・②の撮影は，いずれも小林久高氏による。それ以外の図版は全て筆者の作成・撮影による。

参考文献
安藤邦廣・乾尚彦・山下浩一，1995，『住まいの伝統技術』建築資料研究社。
安藤邦廣・筑波大学安藤研究室，2010，『小屋と倉：干す・仕舞う・守る木組みのかたち』建築資料研究社。
浅川滋男，2000，「壱岐・対馬の住居と集落」『日本の美術3：離島の建築』至文堂。
伊藤ていじ 文，髙井潔 写真，1982，『日本の屋根』叢文社。
厳原町誌編集委員会，1997，『厳原町誌』厳原町。
岡秀一，2001，「対馬における石屋根板倉の分布」小金澤孝昭ほか編『地域研究・地域学習の視点』大明堂。
岡秀一・青山高義，2014，「大地の遺産としての対馬」『E-journal GEO』9(1)，44-49。
釜床美也子・安藤邦廣・小林久高，2008，「石の種類と生産組織から見た対馬の石屋根構法」『日本建築学会計画系論文集』73(631)，1891-1898，日本建築学会。
月川雅夫，1988，『対馬の四季：離島の風土と暮らし』農山漁村文化協会。
直江広治・竹田旦，1954，「海の労働慣行」九学会連合対馬共同調査委員会編『対馬の自然と文化』古今書院。
関口武，1954，「対馬の気候」九学会連合対馬共同調査委員会編『対馬の自然と文化』古今書院。
宮本常一，1983，「対馬漁業史」『宮本常一著作集28』未來社。
古川修文・山田水城・鄭宗炫・多田剛，1989，「対馬の石屋根小屋の構法と材料の温熱特性」『民俗建築』96号，日本民俗建築学会。
小林久高，2008，「長崎県対馬市における伝統木造構法の特性：平柱を用いた架構法を中心として」，筑波大学大学院人間総合科学研究科博士論文。

小林昌人，1985，『民家と風土』岩崎美術社．
城田吉六，1983，『対馬の庶民誌』葦書房．
青山賢信，1969，「長崎県・熊本県の民家」『建築と社会』50巻10号，45，日本建築協会．
青山高義，2000，「対馬―板倉と石屋根」青山高義ほか編『日本の気候景観：風と樹風と集落』古今書院．
石原憲治，1954，「対馬の民家」九学会連合対馬共同調査委員会編『対馬の自然と文化』古今書院．
川島宙次，1973，『滅びゆく民家　屋根／外観』主婦と生活社．
蔵田周忠，1951，「対馬・厳原の家」『民間伝承』15巻6号，16-17，六人社．
対馬教育会編，1973，『対馬島誌』名著出版．
対馬市教育委員会，2006，『対馬市文化財共同調査報告書』vol.2，対馬市教育委員会．
大間知篤三，1953，「オモテとヨマ：対馬の家の複世帯制」『言語民俗論叢：金田一博士古稀記念』三省堂出版．
長崎県教育委員会文化課，1972，『長崎県の民家（前編）：長崎県緊急民家調査報告書 長崎県文化財調査報告書 第12集』長崎県教育委員会．
長崎県教育委員会文化課，1974，『長崎県の民家（後編）：長崎県緊急民家調査報告書 長崎県文化財調査報告書 第12集』長崎県教育委員会．
藤島亥治郎，1934，「壱岐・対馬の建築」『建築雑誌』48(591)，1257-1281，日本建築学会．
武者英二・吉田尚英編，1999，『屋根のデザイン百科：歴史・かたち・素材・構法・納まり・実例』彰国社．
野村孝文，1971，「対馬の民家に就いて」『日本建築学会九州支部研究報告』1号，日本建築学会．
野村孝文・田中清章，1973，「対馬の民家とコヤ」『日本建築学会研究報告九州支部』2.計画系，20号，241-244，日本建築学会．
矢野道子，1995，『対馬の生活文化史』源流社．

ティティカカ湖の浮島の生活
——アンデス高原地帯のくらし

1. ティティカカ湖の浮島とそこに暮らす人々

　南米のアンデス山脈の高原地帯に広がるティティカカ湖は，湖面の標高が 3810m あまりで，汽船が通う湖としては最も高い所にある。この高地に広がる湖には，「トトラ（totora）」と呼ばれる湖に自生する葦に似た植物を利用して作った人工の浮島で生活を送る人々がいる。[1] 彼らは「ウロ（Uro）」という少数民族の血を引く人々[2]で，湖が生み出す環境を最大限に利用して，古くから湖上生活を送ってきた。そうした伝統的な生活様式を維持する一方，近年その生活は，とくに観光との関わりのなかで徐々に変化しつつある。

　以下では，ティティカカ湖の浮島，通称「ウロス島（Isla de Uros）」に暮らす人々の生活とその変化の様相についてみていくことを通じて，彼らがなぜ今でもなお浮島に暮らし続けるのかについて考察する。

島の概況

　トトラの浮島が存在するティティカカ湖は，ペルーとボリビアの国境にまたがる湖で，面積はおよそ 8100㎡，琵琶湖の約 12 倍に相当する。そのうち 60% がペルー領に，40% がボリビア領に属する。本章で言及する「ウロス島」はペルー側の湖に浮かぶ島々で，大小さまざまな浮島が，アンデス山脈のほぼ中央に位置する高原都市プーノ市の東側に広がるプーノ湾内に散在している（図1）。湖畔の波止場からウロス島までは船を利用すれば約 30 分，距離にして 7km ほどである。

　島民の話では，現在，およそ 87 の人工の浮島が存在しており[3]，これら全てをまとめて「ウロス島」と呼んでいるが，個々の島には，島民の間で相互に識別するために，個別の名称が付けられている[4]。大部分の浮島は 4，5 世帯が暮らす小

---

[1] ティティカカ湖には，人工の浮島以外にも自然の島が存在し，ペルー側にはタキーレ島，アマンタニ島がある他，ボリビア側には太陽の島，月の島などがある（図1参照）。

[2] こうした人々の多くは現在ティティカカ湖のペルー領側に居住している。本章で言及するウロとは，特別な記述がない限り，主としてペルー領にある浮島に居住する人々を指す。

[3] 小さいものも含めた正確な数は把握されておらず，資料によって数に相違がある。ウロの人々が発行する旅行パンフレットでは，約 80 とされているが，本章では島民への聞き取りに基づく数値を用いる。

[4] たとえば，「湖の心（corazón de lago）」，「新しい町（ciudad nueva）」，「永遠のトトラ（viñay totora）」，「美しい心の輝き（brillar de un bonito corazón）」などのニックネームを付けた島がある。

図1 ティティカカ湖

さな島で，幅20m長さ50mほどの大きさであるが，なかには10世帯あまりが生活する大きな島もある。ひとつの島に暮らす人々は大抵が親戚関係にあり，どの島にも島を統括する首長が存在する。各島の首長には，島に居住する各世帯主の男性が輪番で就くことになっている。

浮島のなかには，それぞれの家族が住む家屋のほかに，最近では観光客向けにレストランや売店，ゲストハウスを備えた島もある（図2）。また中心となる島には，学校や教会，診療所が置かれており[5]（図3），ウロス島に住む人々は，湖に点在する島の間や島と陸との間をトトラで作った「バルサ（balsa）」と呼ばれる舟で移動し生活している。

ウロと呼ばれる人びと

ティティカカ湖の浮島で湖上生活を送るのは，「ウロ」という少数民族の血を引く人々である。ウロは，ティティカカ湖およびその周辺の中央アンデス高地に住む少数民族で，ウル，ウノ，オチョマとも呼ばれる。考古学的研究によれば，ウロ族の起源はインカ時代以前に遡り，ティティカカ湖北岸のコリャオ地方に居住する民族として最も古いと考えられている [Delgadillo 1998]。

また，16世紀の新大陸征服以降にスペイン人によって書

かれた歴史記録をたどると，第5代のペルー副王フランシスコ・デ・トレド（在任1569～81年）が1572～75年にティティカカ湖周辺で行った巡察記録において，現在のボリビア領にあたるチャルカスに住む民族として，アイマラ族と合わせてウロ族の名前を記している［Toledo 1975］ほか，17世紀の年代記者のマルティン・デ・ムルーアとバルタサール・ラミレスも，それぞれ1590年と1597年に，ウロ族が湖上に浮かぶトトラの島に家屋を作り居住していたことを記している［Delgadillo 1998］。浮島でのウロの人々の生活は，スペイン征服以前から行われており，少なくとも400年以上の歴史を有することがわかる。

図2　浮島の風景：家々の前には観光客が来た際に販売する民芸品が並べられている

言語は，ウル・チパヤ語系（Uru Chipaya）に分類されるが，かつてはこの地域の民族の間で使われていた非アイマラ語系のウルキリャ（uruquilla）やプキナ（puqina）といった言語も話す人々もいたとされる［Bouysse-Cassagne 1975：314-317, 321；Julien 1987：54-55］。しかし，時代とともに近接して住むアイマラ族との混血が進んだ結果，現在では純粋なウロ族はおらず，言語の面でもウロ語を話す人はほとんど存在しない状況にある。島民の話では，純粋なウロ族は1950年代に絶えており，現在ウロス島民の大半はアイマラ語を話し，生活もアイマラ文化の影響を受けているという。

ウロ族は伝統的に湖上に浮かぶ島に居住し，漁労や

5）2014年時点で，ウロス島には小学校が3校あり，うち2校は公立，1校はプロテスタント系の私立小学校である。また，教会はカトリックの教会とプロテスタント系のアドベンチスト教団の教会がそれぞれ1つずつある。

図3　ティティカカ湖に浮かぶ島の風景：とがった三角のトタン屋根の建物は島の小学校

狩猟活動を行っていた民族であるが、時代の流れとともに、人口や環境の問題から浮島を離れて陸地へと移住し、農業へと転向を余儀なくされた人々もいる［Klein 1973］。現在、ウロと呼ばれる人々はプーノ湾の湖上の浮島およびプーノ市の湖岸の陸地に暮らしており、陸上で生活している人々は「ウル・チュユニ農村共同体 (Comunidad campesina Uru Chulluni)」を形成している。

とはいえ、今日でもウロの人々の多くは湖上の浮島での生活を続けている。その暮らしはどのようなものか。次節では彼らの生活の様相についてみていく。

6) 2007年に国立統計院 (INEI) が行った全国人口および住宅調査によれば、ウル・チュユニ農村共同体の人口は550人、また、陸地にある同コミュニティ近くの6つの浮島の人口の合計は100人である［INEI 2007］。

2. ウロス島の暮らし

トトラと共にある生活

湖上での生活に欠かせず、ウロス島の人々の暮らしを支えているのが、浮島の基礎となる水草である。ティティカカ湖に自生するこの水草は、カヤツリグサ科ホタルイ属に属するフトイの一種 (Scripus clifornicus) で、アイマラ語およびケチュア語では「トゥトゥラ (t'utura)」、スペイン語では「トトラ」の名で広く知られる。見た目は葦によく似ており、草丈は3〜4mあり、ティティカカ湖では主として水深3〜5mの浅瀬に育つ多年草である。

ウロス島では、後述のように、浮島を作るだけでなくトトラの用途は多岐にわたる。家屋や舟を作る材料として使われるほか、家畜の飼料や薪の代わりに竈の燃料としてもトトラが用いられている。食用にされることもあり、島民は、トトラの茎の部分の外側の薄皮を剥いで、中の白く水分を含んだ部分を生のままかじって食べたりする。また高熱が出た際には熱さましとして使われるなど、トトラは実に多用されている。

このように、トトラはウロス島民の生活のあらゆる側面で使用されているため、島では絶えずトトラが必要となる。とくに家や舟を作る際には一度に大量のトトラが必要となるうえ、水草であるトトラを使った浮島は常に補修が必要である。

図4　乾燥させるために束ねられたトトラ

そこで，島では常に，刈り取ったトトラを天日に干して，島や舟の作り替えや屋根の葺き替えなどのために用意してある（図4）。トトラの刈り取りは専ら男性の仕事とされており，島の男性たちは，漁労や狩猟の合間にトトラの刈り取りを行う。トトラを刈り取る際には，古くからウロの人々の間で使われてきた「キーニャ（qeliña）」という，棒の先にナイフを付けた道具が用いられる。刈り取る際には，水中にあるトトラの茎の部分を切り，根本の部分は，再び芽が出るよう残しておく [Orlove 1991：206]。

また，トトラは，島民にとっては貴重な資源でもある。そのため島民の間では，古くから，湖に自生するトトラの分配や管理が行われてきた。[7] 島民はそれぞれの島ごとに決められた区域でトトラの刈り取りを行う期間も1年のうち数カ月間や1週間のうち数日間に制限している [Orlove 1991：207]。しかし，島によっては刈り取りが可能なトトラが不足することもある。その場合には，トトラが豊富な区域へ出かけて行き，その区域での刈り取りの権限を持つ者にコカの葉や酒，時には現金を持参しトトラを刈り取る権利を請う [Orlove 1991：207]。こうした島同士の相互扶助関係が何年も続くこともあり，しばしば双方の間でコンパドラスゴ（compadrazgo）[8] のような相互信頼関係を結ぶまでに発展していくこともある [Orlove 1991：207]。トトラの刈り取りをめぐる貸し借りをきっかけに，他の浮島に住む人々との協力関係が構築されると同時に，こうした関係が島での生活を支えているのである。

浮島の作り方

ウロの人々の生活を特徴づけているのが，トトラを使った浮島づくりの技術である。浮島は土台となる部分とトトラを積み重ねた部分の2層から成る。土台は「キリ（Khili）」と呼ばれ，トトラの切り株の部分である。これはコルクのように水に浮くため，浮島を支える役割を果たしている。島づくりではまず，このキリを幅2〜3m，長さ5〜6mの長方形の

7）一方，ペルー政府は，1977年にティティカカ湖のトトラが生息する一帯（約3万ヘクタール）を環境保護区に指定し（次いで1980年には湖の自然資源を保護する目的で「ティティカカ国立保護区」を指定），同地域のトトラの利用を規制した。こうした政府の新たな措置を受け，古くからトトラの利用権を持っていた周辺地域の住民が政府に対して抗議し，政府と住民による交渉が行われた結果，住民は再度権利を取り戻し，政府の権限は一部のみに限定される結果となった。詳しくは，Orlove [1991] 参照。

8）コンパドラスゴは，ラテンアメリカ諸国のカトリック教徒に見られる，代父母と実父母との間の関係とそれに伴う慣行を指す。この関係は，子供の洗礼に立ち会った代親が受洗子の精神的親として振る舞い，代子もまた代親に奉仕するという，カトリックの儀礼的な代親制度である「パドリナスゴ（padrinazgo）」に基づくものであるが，新大陸の場合，洗礼した子供を媒介として，実親と代親の間，つまり親同士の間の相互信頼と協力関係が重要な意味を持つようになっている。

図5 浮島の土台となる「キリ」の模型

ブロック状に切り分け，複数のキリのブロックを縦横に並べて浮島の土台を作る（図5）。個々のキリの中心には杭を打ち込み，離れないように杭に縄をかけてつないでおく。島民の話によれば，4，5世帯が住む島であれば，20～25個のブロックが用いられるという。

そして，いったん土台ができたら，その上に切って乾燥させたトトラを束ねて交互に積み重ねていく。トトラは，厚さ1m，湖面から30～40cmの高さになるまで積み重ねられる。こうしてでき上がった浮島は，トトラが厚く敷き詰められているため，足を踏み入れると枯草の上を歩いている感触はあっても，島が水に浮いているという感覚は全くない。

しかし浮島である以上，そのままでは島が漂流する恐れがある。そこでウロス島の人々は，錨となる長さ数メートルの棒を湖の浅瀬に密生するトトラの根の部分に差して縄を結んで島をつなぎとめ，漂流するのを防いでいる。と同時に，島の周囲に生えているトトラが防波堤の役割を果たすため，多少の波であれば，浸水する心配もなくなるのである。

でき上がった島の上にはまず家屋が建てられるが，湿気を防ぐために，島の表面にさらにトトラを20～30cm敷き詰めた上で建てられる。家屋には釘や針金がいっさい使われず，支柱に木材を使用するほかはトトラと縄のみで作られる。また，床の部分は，木の板を張り安定感のある造りにしている家もあるが，ほとんどの家がトトラを敷き詰めたままの状態である。通常，それぞれの家屋は一間だけで，出入口となる扉が付けられている以外は窓もない（図6）。

図6 ウロス島の家屋：トトラを束ねて干してある

調理用の竈は家の外に用意されており，基本的に食事の支度などは屋外で行われ，飲用や炊事用の水ほか，洗濯などに使わ

れる水も含めて生活用水は全て湖から汲んでくる（図7）。また現在，各島にはソーラー・パネルが設置されており（図8），電気の供給が可能である。これは，フジモリ政権期の1990年代に設置されたもので[9]，今では，テレビやラジオなどの電化製品を持つ家も増えている。

　家の屋根の葺き替えや浮島のメンテナンスは定期的に行われる。というのも，積み重ねられたトトラが日々生活を送るなかで次第に圧縮されることで，浮島は少しずつ沈んでいくからである。そのため，島民は半月に1回くらいのペースで島の表面に新しいトトラを敷くことで島を一定の高さに保っている。また，トトラはやがては腐敗し，傷んだ所から浸水することもある。必要に応じて適宜修繕が施されるが，浮島は10〜15年で作り替えられる。浮島づくりや補修は，それぞれの島の住民の共同作業で行われる。

　こうしたトトラを使った技術は，家屋のほか，移動手段である舟（バルサ）にも用いられている。バルサもまたトトラとそれを縛る縄のみで作られており，小さい舟であれば1カ月程度であるが，観光客を乗せて島々を渡る大きな舟であれば5人の大人が3カ月がかりで造るという（図9）。

図7　島の日常生活：洗濯をする女性

9)　それまでは灯りにはロウソクが使われていた。それが原因で火災が発生することもしばしばあったという。

図8　家の外に設置されたソーラーパネル

浮島の生活

　ウロス島民の生活を支えているのはティティカカ湖の水資源を利用した漁労と狩猟である。浮島に暮らす人々は，古くからトトラの舟（バルサ）を使って，湖に生息する魚や水鳥，その卵などを獲って生活を送ってきた。

　ティティカカ湖の漁民[10]は零細漁民で，簡素な道具と小型の舟を使って漁を行う。漁民の大半が棒やスカルと帆を使って動

図9　トトラを使った舟：船頭はピューマが象られている。観光客用の大型舟は二階建てになっている

かすトトラの舟や両脇にオールの付いた木のボートを使って漁に出かける[11]。また，漁民の多くは刺網を使って漁を行い，その場合，親族の若い男性をアシスタントとして連れて行くこともあるが，ほとんどの場合は単独で漁に出る［Levieil and Orlove 1990：366］。

ティティカカ湖で獲れるのは，主に，オレスティアス属のカラチ (*carachis*) やイスピ (*ispi*) といった在来固有種の魚とニジマスやペヘレイなどの外来種の魚である[12]。ティティカカ湖の漁民が収穫する魚の大半はカラチなどの在来種であり，ニジマスやペヘレイ (*pejerrey*) は1〜2割程度である［Levieil and Orlove 1990：366］。これらのうち，ウロス島の人々が日常的に食すのはカラチで，揚げたりスープに入れたり，石焼にして食する。また，採れた魚は保存用に干したりする。

ティティカカ湖の漁業に関するルビエイユとオールラブの研究［Levieil and Orlove 1990：366］によれば，ティティカカ湖で行われる漁には，大きく分けて四つの方法がある。ひとつは，カラチを中心とする在来魚種を狙った地引網または刺網漁で，漁民は夕方に湖底に沿って網（タテ・ヨコの大きさ：38m×63m）を仕掛けておき，その網を翌朝の夜明けに引き揚げに行く。二つ目は，外来魚種の捕獲を目的に行われる沖合漁業で，これは先ほどより大きなサイズ（63m×152m）の刺網を使って行われ，漁民は沖合に一晩中網を仕掛け，夜の間は網を動かしながらボートで過ごす。残りの二つは，カラチの捕獲を目的としたトロール漁と産卵のために湖岸に近づいたイスピを小さなトロール網で夜間に捕獲するものであるが，漁民にとり経済的重要性はさほど大きくない［Levieil and Orlove 1990：366］。

ウロス島では獲った魚を自家消費する一方，湖岸の町で開かれる市で売ったり，陸地の住民と物々交換 (*trueque*) を行ったりして，主食となる米やジャガイモ，トウモロコシ，オカなどの農産物を手に入れている[13]。また，市で獲物を販売して得た現金で島では手に入りにくい食品や雑貨類など生活必

10）ティティカカ湖の漁民のなかには，インフレや不安定な国内の経済によるリスクを回避するために漁業の傍ら農業を行う者もいるが，漁業は一日の活動時間がそれほど多くないにもかかわらず，農業よりも収益率が高く，漁業による収益は全体の約4分の3を占めているという［Levieil and Orlove 1990：336］。また，漁業は概して夕方や早朝あるいは夜間を中心に行われるため，日中に行う農業との兼業が成り立つという利点もある。

11）ごく稀にではあるが（漁民全体の5%以下），モーターの付いた船で大規模な漁を行う漁民もいる［Levieil and Orlove 1990：366］。

12）このうちニジマスは1940年代初頭に，ペヘレイは1950年代半ばに移入された魚類である［Levieil and Orlove 1990：366］。

13）Levieil and Orlove [1990] によれば，獲った魚の約3分の2は市で売られ，残りは自家消費と物々交換にあてられる。

需品を購入する。

　こうした漁業を中心とする伝統的な生業に対して，近年，ウロス島民の生活のなかで重要な位置を占めるようになったのが観光業である。次節では，新たな産業である観光との関わりについてみていく。

3.　変わりゆくウロの人びとの暮らし
浮島をめぐる観光の発展

　南米最大の湖であるティティカカ湖は，ペルーでも重要な観光資源のひとつである。とくに湖にある島々は，ケチュアやアイマラといった先住民の血を引く人々が数多く生活しており，島を訪れることで彼らの伝統文化に触れられることからも，国内外の観光客の大きな関心を集めている。トトラを使った浮島として知られるウロス島も，プーノ県では，タキーレ島に次いで多くの観光客が訪れる場所になっている。[14]

　そうした国内外からの観光客の注目を集めるなかで，ウロの人々自身も，「ウロ族の浮島」と称し，自らの生活文化を観光資源として積極的に売り出している。プーノ湾に設けられた波止場からは，ウロス島行きの船が一日何便も出発しており，観光客は，ウロの人々が用意する汽船で湖上に浮かぶ島々へと案内され，浮島見学を楽しむことができる。船の運航を仕切っているのはウロス島民がつくる協同組合組織で，現在130隻あまりが操業している。[15]

　浮島では，観光客が島に上陸すると，女性や子供がアイマラ語の歌で迎え，首長が島の説明を行う。ウロス島の住民が島のなかを案内するが，観光客も島内を自由に散策することができる。また，なかには自分たちの家のなかにまで観光客を招き入れて室内を案内する島民もおり，室内の写真撮影を許可している場合もある。

　観光客を迎え入れることを通じて，ウロス島では，汽船の運賃や通行料を徴収するほか，観光客に宿泊施設を提供したり，自分たちが作った織物や置物，装飾品などの民芸品を販

14) ペルーの通商観光省発表のデータによれば，2010年にタキーレ島を訪れた観光客は9万3440人，ウロス島は8万4116人である。なお，ペルー移民庁のデータに基づく情報では，2010年にペルーを訪れた外国人観光客の総数は229万9187人。毎年約10％ずつ増加しており，2013年には316万3639人に達している[Superintendencia Nacional de Migraciones 2014]。

15) 本章にかかるデータは，筆者が2014年に行った調査をもとにしている。

売するなどして現金収入を得ている。観光船は，通常，数ある浮島のうち1，2カ所を回るようになっているが，特定の浮島に集中することなく，観光客の受け入れが可能な全ての島に行き渡るように，船の行き先となる順番が決められている。それゆえ，必ずしもひとつの島に毎日観光船が到着するとは限らない。一方，そうすることで，観光による収益については，各島の間である程度の平等性が保たれている。

　現在，ウロス島の住民の半数が何らかの形でこのような浮島を売りにした観光業に関わっており，観光業で生計を立てている島民も少なくない。とくにウロス島の男性の多くは，湖畔の波止場と浮島との間をつなぐ汽船の船頭として観光業の一端を担う一方，女性たちの多くも観光の機会を利用した民芸品の販売に従事している [DRC Puno 2012]。そうした結果，島民の話では，現在彼らの生活のうち約4割が漁業，残る6割が観光によって成り立っているという。このように，ウロの人々の生活は，従来の漁労や狩猟を中心とした生活から，観光に重きを置く生活へと変化している。

ウロの人々による観光の受容の様態

　ところで，このように観光客がウロス島民の間に受け入れられようになったのは，それほど昔のことではない。ウロス島の首長を務める50代の男性によれば，40年ほど前には島では観光は行われておらず，ウロス島を訪れる観光客が増えてきたのはここ10年くらいであるという。また別の男性首長（39歳）も，自分が幼い（5，6歳）頃にはウロス島に観光客が訪れることはほとんどなかったという。彼の証言では当時の島の生活はもっと閉鎖的で，外部の人間を簡単に島に上陸させたり，泊めたりすることはほとん

図10　観光客に土産品を売る島の女性

どなかった。また彼は，写真を撮られたら病気になると両親から教えられていたため，観光客にカメラを向けられないようにしていたという。このように，少なくとも30～40年前には現在のような観光業の展開はウロス島では見られなかったことがわかる。

　では，いったい何が彼らを観光という新たな道へと導いたのだろうか。

　ウロス島の人々が観光を生活の糧にし始めた要因のひとつとして，主たる生業であった漁業の低迷が挙げられる。ウロス島民の話では，かつては1日におよそ20kgの漁獲量をあげていたのに対して，最近の漁獲量は5kg程度にまで落ち込んでいるという。その背景として，ティティカカ湖では，近年，陸地の住民による輸出向けの大型漁の進出があり，その影響で小さな舟を使ったウロの人々の漁獲量が激減している。そうした状況のなかで，漁業による収益が困難となったウロス島の人々は，ティティカカ湖周辺における観光の拡大を背景に新たな現金獲得の道へと転じていった。このように，周囲の環境が変化するなかで，ウロの人々は伝統的な生業に代わる新たな生活の手段として，自分たちの文化に価値を見出したのである。

　しかし，観光が必ずしも全てのウロス島の住民の間で受け入れられているわけではないのも確かである。現在かなりの割合の島民が観光業に携わる一方で，観光から距離を置き，それまでと同様に漁労や狩猟のみに従事しながら生活を送る人々もいる。ウロス島全体の約3分1の島は，観光との関わりを持たず，観光船が通る地域から離れた湖上で生活している。彼らは零細漁民としてこれまでと同様に漁業を続けているものの，実際にはそれのみでは十分な収入を得ることは難しく，漁業のみに従事する島の人々の生活は観光業も手掛ける島の人々よりも概して貧しいという。[16] 伝統的な生活形態を維持しつつも，観光という新たな生活手段に頼らざるを得ないのが現実であろう。

16) この点に関して，ウロス島の首長の一人は，観光とは無縁の生活をしている島の問題として，とくに子供の飢餓について懸念を抱いていた。

このように，一部には観光を拒絶する住民がいるものの，ウロス島の人々の大半は，独自の生活形態を活かしつつ観光という新たな要素を受け入れ，積極的に活用しているのである。これはまた，湖が生み出す自然を相手に暮らす人々の生活におけるひとつのリスク回避の策とも言えよう。

浮島に暮らし続けること
　こうしたウロス島をめぐる観光の発展は，一方で，さまざまな関心を刺激することにつながっている。ウロの人々の伝統文化の重要性に注目したペルー文化省は，2013年に，先祖代々受け継がれてきたトトラを用いた彼らの知識や生活様式を国の無形文化遺産に認定[17]しており［Ministerio de Cultura 2014］，政府も彼らの文化的な価値とその重要性に関心を寄せ始めている。また，ウロの人々の間では，自文化に対する意識を高めることにもつながっている。観光を通じて自文化の新たな価値を見出したウロの人々は，最近になって消滅しつつあるウロ語の復活を掲げるなど，周辺の民族との混血化や新たな文化と接触するなかで失われた言語文化の再生を提唱している［Ministerio de Cultura 2014］。
　さらにウロス島では，こうした観光業の発展がきっかけで，島を離れた住民が再び戻って来てもいるという。島では，これまで若者は学業や就職のためにいったん島を出てしまうと，島へ戻って生活することは少なかったという。ところが，観光が島の新たな産業となると，島に戻り，その一端を担っている人々も増えてきている。
　しかし，それだけでなく，ウロの人々が浮島に暮らし続けるのは，陸での生活には見られない浮島ならではの利点があるからでもある。たとえば，浮島では，同じ島の住民の間で不和や喧嘩などがあった場合に鋸を使って島を切り離したり，逆に結婚などを通じて島同士をつなぎ合わせたりすることが可能である。また，陸地に住む場合とは異なり，浮島には固定資産税もかからないという。そして何よりも，浮島での生

17）2013年3月4日にペルー文化省の文化遺産および産業担当副大臣により認定。

活には，湖上という環境が生み出す静寂がある[18]。こうした陸にはない，島での生活の利点が，ウロの人々が現在でも浮島に暮らし続ける所以なのである。

八木百合子

[18] 島の生活の良さのひとつとして，ウロス島民の男性は，浮島には，陸地とは異なり，車などの騒音もなく，静かに暮らすことができると述べていた。

参考文献

Bouysse-Cassagne, Therese
  1975 Pertenencia étnica, status económico y lenguas en Charcas a fines de siglo XVI. Tasa de la visita general de Francisco de Toledo / Introducción y versión paleográfica de Noble David Cook, pp.312-328, Lima: Universidad Nacional Mayor de San Marcos.
  1987 La identidad aymara: aproximación histórica, siglo XV – siglo XVI, IFEA.

Delgadillo, Julio
  1998 La nación de los Urus-Chipaya. Oruro: CEDIPAS, Centro Diocesano de Pastoral Social.

Dirección Regional de Cultura de Puno (DRC)
  2012 Expediente declaración de la tecnología ancestral de construcción de isla flotante uros, Patrimonio Cultural de la Nación.

Instituto Nacional y Estadística Informática (INEI)
  2007 Censo Nacional 2007 (XI de Población y VI de Vivienda).

Julien, Catherine J.,
  1987 The Uru Tribute Category; Ethnic Boundaries and Empire in the Andes, American Philosophical Society, vol.131, No.1, pp.53-91.

Klein, Harriet
  1973 Los urus: el extraño pueblo del Altiplano. Revista de Estudios Andinos, Volumen III, No1, La Paz.

Levieil, Dominique P. and Orlove, Benjamin S.,
  1990 Local Control of Aquatic Resources: Community and Ecology in Lake Titicaca, Peru, American Anthropologist 92(2), pp.362-382.

Ministerio de Comercio Exterior y Turismo (MINCETUR)
  2014 Llegada de visitantes a la Isla Uros del Lago Titicaca.
  2014 Llegada de visitantes a la Isla Taquile del Lago Titicaca.

Ministerio de Cultura
  2014 Pueblo Uro, Base de datos de pueblo indígenas u originarios.

Orlove, Benjamin S.,
  2002 Lines in the water : nature and culture at Lake Titicaca, University of California Press , Berkeley.
  1991 Irresolución Suprema y Autonomía Campesina Los totorales del Lago Titicaca. Allpanchis AnoXXIII, No.37, Instituto de Pastoral Andina, pp.203-268.

Superintendencia Nacional de Migraciones
  2014 Llegada mensual de turistas internacionales.
Toledo, Francisco de
  1975 Tasa de la visita general de Francisco Toledo / Introducción y versión paleográfica de Noble David Cook, pp.1-195, Lima: Universidad Nacional Mayor de San Marcos.
山本紀夫
  1989 「ティティカカ湖のあし舟」『月刊みんぱく』6月号, p.12-13, 千里文化財団。

トイレよもやまばなし──①居住文化は糞尿とともに……

家の内に「明」と「暗」があった

　私が子供の頃は、まだ多くの便所は汲み取り式であった。これが家の内にあればまだしも、玄関を出たところ数メートル先にポツンと設置されていたりする。私の母親の郷里は愛知県安城市で、今ではすっかり住宅地になってしまったが、私が小学校にあがる頃までは、辺りは畑に囲まれており、どの家でも便所は汲み取り式の外便所を使っていた。今でも地方に行くとごくまれに見ることがあるが、都市部では絶滅状態のそれである。

　幼い子供が、夜に一人でここへ行って用をたす時の気持ちを、今の若い人に説明するのは難しい。小の場合は寝室がある２階の窓などから雨を降らせばこと足りるのだが、問題は大の方で、親についてきてもらって用をたす。見守られながら用をたすのは、子供ながらに落ち着かないものの、そこから離れられても困る。また、運悪く親についてきてもらえない場合には、絶望的な心持ちとともに、血相を変えてことに臨まなくてはいけない……。

　こうした経験を、今になって住宅構成の視点から想えば、当時はまだ、家の内に「明」と「暗」の位置的な差異があった。特に子供にとって、家の内にある「暗」の部分は、とても恐ろしい場所で、「便所」以外に、例えば「押入れ」などもその類のものである。今やると幼児虐待などと言われるのかもしれないが、かつては、子供が悪さをすると、親は「便所」や「押入れ」に、その子を閉じ込めたものである。このことからも、家の内における、「便所」や「押入れ」の場所的な位置づけが推し量られる。余談となるが、古田足日さんと田畑精一さんによる『おしいれのぼうけん』（童心社）は、恐ろしい押入れの奥深くへ冒険する子供の世界観が描かれており、未だ読んだことのない方には是非一読を勧める。

　昨今は便所ではなく「トイレ」と呼ぶのが一般的になったが、それに伴って、かつて住宅の内における「暗」を代表した場所も、キレイで明るい場所へと変わった。押入れは「クローゼット」や「収納」などにとって代わり、内部に照明がついていることも珍しくない。家の内から、どんどん「暗」の部分がなくなって、全般に「明」で均質化されている。「暗」があるからこそ、「明」のありがたみもあろう。薄暗い汲み取り式の外便所から、皆の居る居間へ戻ってきた時の、あの安堵感を、都会の一般的な住宅において、今はもう味わうすべもない。何となく残念に思うのである。

糞尿は資源である

　汲み取り式の外便所が，玄関先数メートルの場所に置かれているのは，当然のことながら汲み取りに便利だからである。今の日本で，人の糞尿を畑の肥料として用いることは，一般的には絶滅したし，私が子供の頃でもほとんどなくなっていた。しかし，場所によっては，まだ使用されてもいた。汲み取られた糞尿は，すぐに畑に撒くわけではない。昔は畑のすみなどに「肥溜め」があり，ここにしばらく貯蔵してから使用した。肥溜めに落ちないように，近寄ってはいけないと祖母から注意された記憶が私にはある。もっとも，既に使われなくなった肥溜めが放置されていただけだったかもしれない。

　糞尿を肥溜めに一時的に貯蔵する理由のひとつは，一定量の糞尿を蓄えつつ，その成分を発酵，液化させることで，アンモニアを和らげ，畑に撒きやすくすることである。さらにもうひとつは，寄生虫の卵を殺すことである。「夏では1か月，冬では3か月経過させれば寄生虫卵は死ぬ」と，寄生虫学の鈴木了司さんは『トイレ学入門』（光雲社）で述べている。しかし，肥の不足から，一定の期間を待たずしてこれを使用するので，寄生虫の蔓延を度々招くことにつながった。それほどまでに，糞尿は農村において貴重なものであった。

　ところで，農村の住宅では，外便所を適当な場所に置けば汲み取れるが，町にある住宅，いわゆる「町屋」では，そうもいかない。路に面する表の部分は「みせ」であり，商売上の顔であるから，ここへ便所を設置するわけにはいかない。自ずと敷地の奥の方に便所を設けるのだが，したがって，表からそこまで汲み取りに行く必要が生じる。京町家の「通り庭」に代表されるような，町屋における奥へと続く土間は，じつは，最奥にある便所の汲み取りを行う必要から，あのようなかたちになったのである。と，どこかで読んだことがある。真偽のほどは定かではないにしても，もっともだと思える。

　ちなみに，町で汲み取られた糞尿は，大正期ごろまでは農家に買い取られ，肥として使用された。肥にも上と並の差があったようで，上は良いものを食べている人が集う花街から出るものであり，その中でも特上は花魁のものであった。と，これもどこかで読んだことがある。

　日本において，糞尿はかつて貴重な資源だったのだが，今，その価値はない。それどころか，お金を払って処理をしてもらわなければならない厄介ものである。ここでもう一度，糞尿を資源として使用することができれば，昨今のエネルギー問題に一助をもたらすのではなかろうか。どなたかチャレンジされてはいかがであろう。

糞尿は食べ物である

　タイの首都バンコクのチャオプラヤー川のほとりに行くと，高級ホテルやレストランが建ち並んでいて，今はなくなってしまったが，その場所にはかつて，目の前の川で採れた魚やエビを食わせる安い食堂が沢山あった。安くて美味いので，貧乏バックパッカーであった私は，ここらの店をよく利用した。こうした食堂では大体，川に突きだした桟橋の先にちょっとした囲いが設けられていて，そこが便所になっている。そこに入って行って用をたすわけであるが，出たものは

そのまま川に落ちていく。まことに合理的な水洗便所である。ところで，こうして放出されたもののうち，特に大の方は，そのまま魚やエビの餌になると思われる。あるいは，分解されてプランクトンの餌となり，やはりそのプランクトンを食べる魚やエビの餌となる。まさか便所の下に生息している魚やエビを捕まえて，当の食堂で出しているわけではなかろうが，近くに漁船が居ないわけではない。私が，いや私以外の誰かが出したものが，廻りまわって私の食べ物になっているのは間違いない。

　同じような体験は，タイやインドネシアの山村でもした。山岳少数民族の村では，基本的に便所はなく，あっても簡易な囲いがある程度で（なお，現在では便所が整備されているところが多い），基本的にはそこらで用をたすことになる。特に大の方は用をたすや否や，待ち構えていた家畜のブタが残さずに食べてくれる。同じことを，作家の椎名誠さんも『ナマコもいつか月を見る』（本の雑誌社）で書いていて共感したものだ。そして当然ながら，このブタたちは後に人間が食べる。

　日本や琉球，台湾といった東アジアでも，かつてはブタ小屋の上に板を渡し，その上に乗って用をたす便所があった。今も探せばまだあるかもしれない。日本ではこれを「ブタ便所」と言ったが，糞尿がブタの餌になり，そしてそのブタを人間が食べる。

　ブタだけでなく，犬も糞をよく食べる。インドのスラムの朝は，人々の野糞からはじまる（ただし，男性と子供のみ）。それはそれだけで面白い光景なのであるが（写真1），さらに見ていると，そこここに出された糞は，即座に犬の食物となる。インドでは犬は食用ではないが，犬を食用とする文化は様々な場所にある。動物愛護団体の人から怒られそうであるが，私も中国などを旅した際に，犬を時々食べる。そして実に美味い。その犬が糞を食っていたかどうかは知らないが……。

藤木庸介

写真1　インドの野糞の風景

トイレよもやまばなし──②小便所は，いつ頃できたのか

　最近の住宅では，トイレは西洋便座が1つだけ設置される場合が多い。しかし，少し前の一戸建て住宅には，大便所と小便所とがセットになっていた。マンションなどの限られたスペースでは小便所など贅沢というもので，当然，現代に近づけば近づくほど，小便所の設置は減少し，最近では「絶滅危惧種」である。
　さて，最近，大岡敏昭氏の文庫本『武士の絵日記』を読む機会があり，驚くべき一文を見いだした。

> 京都における江戸時代初めの中級武士（与力）の住まいの便所は庭の端にあったが，江戸時代後期になると……住まいのなかに取り入れられるようになる。そしてその便所は大便用と小便用の二つがある。……江戸時代の初めは大便所のみであり，小便もそれに兼ねていた。……江戸時代の後期になって広く普及し，大便所と小便所がセットになった便所が武士の住まいに一般化する。
> ［大岡 2014：138］

　つまり，大便所と小便所をセットにした住まい（中級武士と限定してあるが）は，江戸後期に出現するのであり，それ以前は，大便所だけが設えられていたというのである。トイレ研究，とりわけトイレに焦点を合わせた住環境研究にとって，非常に重要な指摘である。
　その例証として大岡が提示する弘前藩（現在の青森県弘前市が城下）の「御家中屋敷建家図」（1756年）には，大便所だけが存在している。それに対して，幕末（1859年）の庄内藩（城下は山形県鶴岡市）の指図では，大便所と小便所がセットで描かれている。近世から近代の日本家屋では，小便所は大便所とセットだという固定観念を根底から崩す重要な指摘である。
　いろいろな近世住宅の図面や江戸城の図面，大名屋敷の平面図，室町時代の建物図面を，目を皿のようにしてチェックした。大岡が提示する図面を見ると，たしかに，江戸中期以前の武士の住まいには大便所1つしか図示されていないものが多い。しかし，ほんとうにそうなのだろうか。
　奈良時代以前，7世紀末の藤原京右京七条一坊西北坪などで土坑形汲取式トイレが発掘されている。ここは最も古い共同便所遺構で，土坑からはたくさんの食べ物の滓，寄生虫卵，籌木（ちゅうき：くそへら…当時は割り箸のような木片で汚れを掻き取っていた）などが出土している。しかし，上物構造は不明である。文献学の分野で平安時代から室町時代のトイレについて考察した論考をチェックして

も，そこまで意識して考察したものは見当たらない。

　発掘成果からみると，鎌倉時代以前の便所遺構では，穴が1つしかない場合が多い。

　戦国時代はどうだろうか。1573年織田信長によって滅ぼされるまで北陸の小京都ともいうべき文化を誇った朝倉氏の一乗谷（福井県福井市）では，数多くの便所遺構が発掘された。また堺環濠都市遺跡（大阪府堺市）でも，16世紀後半の小便所を別にした遺構がみつかっている。さらに安土桃山時代の戦国武将・吉川元春館跡（広島県山県郡北広島町）では，木製の桶を2つ並べて埋めた便所遺構が発見された。片方からは寄生虫卵が発見され，もう片方からは見つからなかったため，寄生虫卵が検出された方は大便所，検出されなかった方は小便所と特定されている。つまり，大岡が指摘したように，戦国期になると，武将や豪商の屋敷内の便所に小便所を併設するようになったことが，考古学上からも証明されたことになる。

　では，江戸時代の庶民はどのような便所を使っていたのだろうか。渡辺信一郎『江戸のおトイレ』は，川柳をベースに「絵入り本」からの図版が豊富に載せられているが，便所の図版に小便所は描かれていない（道端に設けられた小便器や小便所は見いだせるが，遊廓の図版にあったような，大便所とは別の小便所はない）。つまり江戸時代の長屋の一角に設けられた共同便所は，大便所だけであったと推測できる。庶民の長屋生活では，まだまだ小便所で立って小用をする醍醐味を味わうには至っていなかったようである。

　最後に，江戸城の将軍が使った便所についてみてみたい。

　江戸城のなかで将軍や老中が政務を執るエリアは本丸御殿にすっぽり収まっており，政治や儀式のための「表向」，将軍が日常生活と政務を執る「中奥」，将軍の正妻である御台所（みだいどころ）や側室，奥女中などの生活の場である「大奥」と3つに区分されていた。おもしろいことに，このうち老中らが集う白書院は大便所だけで小便所はない。儀式の場である白書院では全員が狩衣（かりぎぬ）・直垂（ひたたれ）などの礼服を着用しており，いちいち脱ぐのは不可能であったはず。小用には尿筒（しとづつ）などを使ったのだろう。一方，「表向」を描いた図面を目を皿のようにして点検してみると，随所に便所が描かれ小便所も付属している。「表向」は，諸大名・諸役人の控室，諸役人の詰所などで構成され，男性が集う場所である。当然，小便所は必須であったわけである。「中奥」にも，将軍の寝室である御休息之間や側近が執務する部屋が連なっている。ここでも，大便所と小便所の両方を見いだすことができる。

　最後に，「大奥」はどうだろう。「大奥」は原則として，将軍家以外の男性が入ることは禁止され女性だけが居住する空間である。そのため，奥女中の宿舎「大奥長局」には大便所しかない。当然といえば当然である。さらには，将軍の正妻である御台所の居住する「大奥松御殿」にも大便所しかなかった。

　将軍は御台所の部屋を訪れることはなかったのである。大奥に入ると将軍は，「大奥御座の間」で生活し，寝所は「御小座敷」にあった。このいずれにも，大便所と小便所が並んでいる。将軍は，日常生活の場では，立って小用を足してい

たのであろう。

　中世末武家屋敷に初めて登場したと推測される小便所は，江戸時代を通じて中級武士の住宅から下級武士の住宅へと普及していき，明治以降には，一般住宅にも設けられるようになる。そして，現代……公衆トイレは別として，一般住宅では小便所は絶滅の危機に瀕しているのである。

水本浩典

▥参考文献
大岡敏昭　2014『武士の絵日記：幕末の暮らしと住まいの風景』角川ソフィア文庫。
大岡敏昭　1999『日本の風土文化とすまい：すまいの近世と近代』相模書房。
大田区立郷土博物館編　1997『トイレの考古学』東京美術。
奈良国立文化財研究所　1992『藤原京跡の便所遺構―右京七条一坊西北坪』奈良国立文化財研究所。
安田政彦　2007『平安京のニオイ』吉川弘文館。
帆立道久　1999『中世の女の一生』洋泉社。
谷直樹・遠州敦子　1986『便所のはなし（物語 ものの建築史）』鹿島出版会。
水野和雄　1992「戦国時代城下町『一乗谷』のトイレ」『月刊文化財』350号，34-38。
渡辺信一郎　2002『江戸のおトイレ』新潮社。
深井雅海　1997『図解・江戸城をよむ：大奥・中奥・表向』原書房。
歴史群像シリーズ特別編　2011『決定版 図説 大奥のすべて：衣装・御殿・全職制』学研パブリッシング。

Ⅲ　変わるくらし・変わらないくらし

前頁　ガンジス川からの眺め（156頁参照）

寺院とともにある住まい
―― インド・ヴァーラーナシー

1. はじめに

インドの国民の大多数を占めるヒンドゥー教徒が死ぬまでに，あるいは死んだ後にさえ一度は訪れたいと願う都市が，ヒンドゥー教最大の聖地ヴァーラーナシーVaranasiである[1]。その旧市街には，様々な神話や伝説に彩られたヒンドゥー寺院がおびただしく存在する（図1）。そのような"寺院だらけ"の都市における居住文化を考えるにあたって極めて興味深い素材として，元々は独立して建っていたヒンドゥー寺院が，隣接する建物の増築や新築の結果，別の建物に囲い込まれてしまうという現象がある。こうした現象，またその結果生じた寺院を含む複合的建築物を，筆者は「融合寺院」と呼んでいる。言葉よりも写真を見てもらうと理解が早いだろう（次頁図2・3・4）。多くの場合，寺院と「融合」する建物は住居である。異なった建築形態をもつ二者が出会い頭に衝突したかのようなその姿は，様々な想像をかきたてる。なぜ寺院を壊さず，手間をかけてまで新しい建物に組み込むのだろうか。どのような背景や経緯によってこの現象が生じるのか，この中ではどのような生活が営まれ，寺院はどう扱われているのだろうか。

本章では，まず当地における居住文化を理解する基本的な前提として，ヒンドゥー教における住居の位置付けと，ヴァーラーナシーの伝統的住居およびその中での生活について概観する。その上で，融合寺院に焦点をあわせながら，そこから垣間見える居住文化の特質や融合寺院が示唆する可能性について考えてみたい。

「聖地」ヴァーラーナシー

インド中北部を流れるガンジス川河岸[2]に高密な市街地を展

1) 歴史的な都市であるため，さまざまな名称がある。ヴァーラーナシー（ワーラーナスィー等とも表記）はサンスクリット語に由来する現在の公式名称である。他にウルドゥー語由来の「バナーラスBanaras」，英語流の「ベナレスBenares」，聖地であることを強調する「カーシーKashi」という呼称もよく使われる。

図1 旧市街街角にある小さなヒンドゥー寺院

2) 現地名はガンガーGanga。川が神格化された女神の名前でもある。

図2　水平方向に重なり合った融合寺院

図3　寺院の上を住居が
またいだ融合寺院

図4　屋根を残して包み
こまれた融合寺院

図5　ガンジス川からの都市の眺め。尖がった屋
根はすべてヒンドゥー寺院

開するヴァーラーナシーは，有史以来2000年にわたり同地方の政治・経済・宗教的センターとして栄えてきた（図5）。世界的には，ヒンドゥー教の大聖地としてその名を知られる。ヒンドゥー教においてこの都市はシヴァ神の永遠の住処であり，世界が滅びる時もここだけは見捨てられないという。また，ガンジス川の水は全ての罪障を浄め，死後に遺灰を川に流せば輪廻からの解脱が約束されるという。そのため都市にはインド中から年間200万を超える巡礼者が訪れ，川辺の火葬場では荼毘の煙が絶えない。市街には一説に3000ともいわれるヒンドゥー教の神々を祀る寺院や小さな祠のほか，修道院や巡礼宿などの宗教施設が存在する。ヒンドゥー教の伝統を色濃く保持し，「インドの文化的首都」とも称される。

2．ヒンドゥー教の住居観

　広大な国土の上に多民族の複雑な歴史と文化が綾を織りなす多様なインド。そのインドをまとめる重要な紐帯の一つがヒンドゥー教である。ヒンドゥー教は宗教というよりも，生

き方そのもの (way of life) であるといわれる。その観念や世界観が，神々への信仰にとどまらず，衣食住をはじめとする日々の生活のあらゆる側面に浸透しているからである。まず，インドの居住文化を理解するにあたって前提となる，ヒンドゥー教と住まいの関わりについて概括しておこう。

図6　同心円状の世界の中止にそびえるメール山 [杉浦：1982]

住居の中の浄／不浄

　ヒンドゥー教の基層をなす観念の一つに「浄／不浄」観がある。世界には清浄（神聖・高貴につながる）と不浄（穢れ・邪悪につながる）の二極とその中間の様々な段階があり，その配置や関係をコントロールすることで世界の秩序が保たれる，というのが基本的な考え方である。いわゆるカースト制度は，この観念が人間の階級区分と結びついたものである。また世界観に適用されたのが，神々の住むメール山（仏教でいう須弥山）を頂点とする同心円構造のコスモロジーである（図6）。

　ヒンドゥー教徒の伝統的住居においても，この浄／不浄観による三階層の領域がある[3]。最も神聖で清浄な領域とされるのは，家庭内の祭祀（プージャ）が執り行われる祭壇のある場所である（図7）。そこにはシヴァ神やヴィシュヌ神といったヒンドゥーの神々や聖人の図像が祀られる。これに続く清浄な領域は，台所と玄関である。台所は身体の浄／不浄に影響の大きい食べ物を扱う場所であり[4]，玄関は家に不浄な人間や物が入らないよう制御する場であるからだろう。居室などの生活スペースは中間的な領域である。不浄の領域とされるのは，浴室・出産や月経の際の隔離に使われる部屋[5]・トイレ・ゴミ置き場など，人体からの排出物（体液や排泄物），家からの排出物（排水・ゴミ）に関わる領域である。清浄な領域と不浄な領域はなるべく離すべきとされ，その配置は後述するように，方位やマンダラのヒエラルキーと関連づけられる。また不浄な領域や部位の掃除は，家人ではなく，それを専門とする掃除人などの「不浄な人々」が行うべきとする考え方は，今も根強い。

図7　ある住宅の祭壇

[3] [Oliver 1997：603]

[4] 台所や食品庫については，調理場から洗い場にいたるまでさらに細かな浄性の区分がある。インドの台所や食にまつわる習慣やタブー，浄／不浄観については，小磯ら [2006] に詳しい。

[5] 唾液や排泄物とともに，血液もきわめて不浄とみなされる。現在では隔離用の部屋があることは稀だが，月経中の女性が食事を作ることや，台所や祭祀の場へ立入ることを今でも禁じている保守的なヒンドゥー教徒の家庭もあるという [橋本ら 2005：222]。

宇宙としての住居

浄／不浄観とならびヒンドゥー教に通底する思想に，世界を司る普遍的原理＝ブラフマンと個人の本体＝アートマンとが同一であると考える「梵我一如」の考え方がある。宇宙の中に小さな宇宙（例えば人体）があり，その中にも宇宙全体が含まれるという，無限の入れ子構造の世界観につながる思想である。この考え方に則れば，住居にも宇宙が投影される。そのようなヒンドゥー教の思想に基づく，住居や建築にまつわるインドの伝統的知識の体系を「ヴァストゥ・ヴィディヤ Vastu Vidya」と呼ぶ[6]。その起源は紀元前1500年頃まで遡り，地域・時代ごとに編纂された多くの書物が伝わる。共通するのは，神々の配置されたマンダラを建築や都市のレイアウトにあてはめるという考え方である。これは宗教的意味合いが色濃いものの，気候条件や伝統的技術・習慣に適応しつつ建築のクオリティを維持するための，経験知の集成という側面をもつと考えられる。誤解を恐れずにいえば，東アジアにおける風水や日本の家相学に似る。

ヴァストゥ・ヴィディヤに基づいて住居を計画する際のツールとなるのが，ヴァストゥ・プルシャ・マンダラ Vastu Pursha Mandala である。ヴァストゥ・プルシャとは，かつて天と地をその身体で覆いつくしていた魔物で，神々によって大地に押さえつけられたという。いわば大地の精霊であり，土地のもつエネルギーを神格化した存在と考えられる。ヴァストゥ・ヴィディヤにおいては，建物をたてる敷地は（実際の形はどうあれ）理念上は各辺が東西南北に即した正方形であり，そこにプルシャがうつ伏せでぴったり収まっていると考える。頭が東北，足が南西である。敷地はさらに8×8や9×9のグリッドに分割され，各区画にブラフマーを筆頭とするヒンドゥーの神々が，太陽の運行や方位のヒエラルキーに従って配置される。これがヴァストゥ・プルシャ・マンダラである（図8）。ヴァストゥ・プルシャは人体の表象であり，神々の居並ぶマンダラは世界を表象する。かくして住居は，

6) ヴァストゥVastuは居住・住宅・建築を意味する。Vidyaヴィディヤは知識・智慧・学問等の意である。ヴァストゥと略されたり，ヴァストゥ・シャーストラ Vastu Shastra と呼ばれることも多い（シャーストラは書物・論等の意）。より詳しくはChakrabarti [1999] や布野 [2006] を参照。

ヴァストゥ・プルシャ・マンダラを通じて人体と世界という二つの秩序（コスモス）に接続し，住居もまた一つの宇宙（コスモス）となる。

ヴァストゥ・プルシャの身体部位や配置された神々の属性は，住居各部の用途を規定する。例えば，心臓のある中心区画は創造神ブラフマーの座する最も重要な場所であるため，建築物を建ててはいけない。すなわち中庭にすべきである。頭部にあたる東北隅は中庭に次ぐ神聖な場所であり，祭祀室などにふさわしい。足にあたる南西隅には不浄なトイレを置く。南部は死を司る神ヤマの領域であるから，入口をつくってはいけない。南東隅は火神アグニの領域であるから台所に向く，といった具合である（図9）。このような方位のヒエラルキーは，モンスーンが吹きつけ昼の熱い日射が照りつける南西の方位が嫌われ，朝日の光が入る東が尊ばれるというように，環境的条件の反映という観点から解釈することもできるだろう。

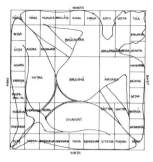

図8　9×9のヴァストゥ・プルシャ・マンダラ [Chakrabarti 1999]

図9　ヴァストゥ・プルシャ・マンダラに基づく諸室配置の例 [Chakrabarti 1999]

ヴァストゥ・ヴィディヤの実際

とはいえ実際の住居では，敷地の制約や家の規模の問題もあり，以上のような規定が忠実に実現されることは稀である。現代の都市部の集合住宅では，そもそも中庭を設けることも難しい。しかしながら，場所の浄／不浄や方位に関する観念は，今でもかなりの程度意識されている。家を建てる際には専門家を呼び，部屋の配置や方位を注意深く検討する人々がいる。着工時および完成時には，ヴァストゥ・プルシャを祀る祭祀が執り行われる。神様を祀る祭壇は必ず東向きにし，玄関は南向きを避けるといった傾向は筆者による調査でも確認されており，このような住居観が今も生きていることを感じさせる。

このように紹介すると「さすがインドは日本と違い宗教的

7) ヤマ Yama は仏教とともに中国・日本に伝えられ「閻魔（えんま）」となった。

8) 小磯 [2006：185]，山下 [2007：202] など。

な伝統が生きているのだな」と思われる読者もいるだろう。しかし日本でも，宗教的儀礼を伴う地鎮祭や上棟式はほぼ欠かさず行われており，プランの検討時に家相（特に鬼門）を気にする人は少なくない。仏壇や神棚も，減りつつはあるが残っている。もちろん生活の中での意識の度合いは異なるが，ここに紹介したインドの話は必ずしも遠い世界の出来事ではない。このような住居にまつわるコスモロジーや儀礼行為とは，とらえどころのない世界の仕組みを構造化し理解するための手段であり，人間が世界との関係を結び，自身の立ち位置を定めるための方策である。これは古今と東西を問わず人類が絶えず続けてきた取り組みであり，建築や都市が担ってきた根源的役割の一つなのである。

3. ヴァーラーナシーの伝統的住居とその生活
インドの中庭式住居

　インドの住居は地方によって様々であるが，地域や民族・文化の違いを超えたある共通性が見られる。それは中庭を中心とした住居形式（中庭式住居 courtyard house）である。中庭式住居はモエンジョ・ダーロ遺跡からも数多く発掘されており，その発祥はインド文明の歴史とともに古い。風や光といった自然環境を住居の中で担保するのが中庭の第一の機能である。世界の中庭式住居が主として高密な都市部で成立したのはそのためである。しかし同じくらい重要なのは，中庭が，屋内と同等の安全性やプライバシーを確保した上で，屋外の開放性を享受するための空間であることだ。とりわけ熱帯地域では，快適に暮らすために風通しのよい外部空間を生活の中で活用している。この観点からは都市と村落の区別はなく，北インドの中庭式住居は村落部の一室住居から発達したという説もある[9]。いずれにせよインドの伝統的住居の多くは中庭を中心としており，前述したヴァストゥ・ヴィディヤによる住居レイアウトの規定で，第一に挙げられるのは，住居の中心は中庭にすべし，というものであった。

9）［米倉 1973：82-83］

インドの各地に様々な様式や形態の中庭式住居があり，なかでも貴族や大商人による邸館とでも呼ぶべき大規模なものが有名であるが，以下では，ヴァーラーナシー旧市街に見られる（今のところ）ありふれた伝統的な中庭式住居を事例に，住生活の一断面を眺めてみよう。

気候条件

インドの他の地域の大部分と同じくヴァーラーナシーにおいても，モンスーンの到来を境として大きく乾季と雨季に分かれるが，もう少し細かく見れば，寒冷期（1〜2月）・暑期（3〜6月）・雨期（6〜9月）・モンスーン後退期（9〜12月）の四季がある。寒冷期とモンスーン後退期は，比較的気温が低く過ごしやすい季節であるが，最も気温が上がる5〜6月は日中の気温が時に50℃を超える。年間降水量の9割が降る雨期に入ると，気温は少し下がるが平均湿度が80％を超える高温多湿の不快な気候となる。高密に建て込んだヴァーラーナシーの旧市街では，こうした高温乾燥の暑期と高温多湿の雨期に如何に対応するかという観点から住居や住み方に工夫がなされ，特に暑期の遮熱と断熱，雨期の湿気対策としての通風に意を用いている。

ヴァーラーナシーの伝統的中庭式住居

ヴァーラーナシーの旧市街は三日月状に流れるガンジス川の片岸に広がる，場所によっては人口密度が6万人／km^{2}を超える高密な都市空間である。旧市街に残る伝統的な住居の多くは19世紀から20世紀半ばに建設されたもので，規模は建築面積50〜100m^2，2〜4階建てが標準的である。居住人数は様々であるが，親戚や間借りを交えた複数家族で居住するケースが多い[10]。構造はレンガ造で壁厚は40〜60cmと厚く，隣家と境界壁を共有して（または密着させて）いる。敷地を目一杯使って建設するため，狭い街路の両側に家々が隙間なく建ち並ぶことになる（図10）。厚い壁は屋外の熱が室内に伝

10）インドの家族形態は，伝統的には複数の男系世代（家長・家長の子弟）の妻子が同居する合同家族（拡大家族）であったが，今日では都市・農村を問わず核家族化が進行している。

図10　旧市街の街路風景

PLAN 1F

PLAN 2F

1,2,12 倉庫
3,4 「遠縁の一家」が賃借
5,6 「若い夫婦」が賃借
7,16,27 トイレ
8 洗濯等の作業場
9 居間
10 金庫室
11,19 台所
13,14,15 2家族が賃借
18 子供部屋
21,22,24 3家族が賃借
23 食品倉庫
25 長女一家の部屋
20,26 女性の作業場
28 作業場
29 2人の息子の部屋
30,31 独身男性2人が賃借

家主一家の拡大家族とあわせて、全体で10世帯42人が居住する。

PLAN 3F

PLAN 4F

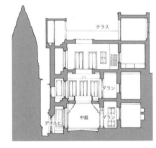
SECTION

図11 ヴァーラーナシーの典型的な伝統的住居の平面および断面（[Couté 1989] より作成）

図12 井戸のある中庭：周囲をダランがめぐりその奥に居室がある

図13 中庭に面したダラン：マットが敷かれくつろぐ場所となっている

わるのを防ぐため、隙間なく建て込むのは外気や日射に触れる外壁面積を減らすための工夫と考えられている。内部の構成は、この敷地一杯に立ち上がった箱の中心に竪穴（＝中庭）を穿ち、残った空間を小部屋状に仕切ったものと考えるとわかりやすい。図11は、家主一家に親戚や間借人の家族、あわせて10世帯42人が居住するヴァーラーナシーの典型的な伝統的住居の空間構成と使われ方を示したものである。

住居と住まい方の特徴

外部に対しては、ごく小さく閉鎖的な玄関のみでつながっている点が目を引く。その一方で、敷地規模に制限が大きい都市住居であるにもかかわらず、住居の内部には屋外／半屋外空間を積極的に組み込んでいる。中庭（図12）は家族の共有空間であり、環境装置、作業場、時に接客空間でもある。実際の使用においても象徴的意味においても、住居の中心である。そして中庭に面して、ダランdalan（図13）という天井

のみで壁のない半屋外空間を設けることにより，可能な限り室内と屋外とを連続させ，新鮮な風や光を得ようとする工夫が見られる。環境条件の悪い居室の扱いは相対的に低く，生活はあくまで中庭を軸に展開されている。高温の気候下において風が通る日陰の屋外が最も快適な場所となることが，中庭やダランが積極的に活用される第一の理由だろう。屋上は，夜間や暑期を除く昼間に，安全な屋外空間として活用される。雨期の雨への対策を考えれば屋根は勾配屋根とするのが合理的であるにもかかわらず，伝統的住居がみなフラットルーフであるのは不思議であるが，これは，住居の中に可能な限り開放的な屋外空間を設けたいという強い要求の表れであろう。要するに，セキュリティとプライバシーおよび日射に対する配慮から，外に対しては閉じた構えをとるが，内に対しては，中庭を起点に最大限に開いた構えをとっているのである。

　以上のような平面構成を図式化すると図14のようになる。中心に中庭，その周囲にダランと玄関があり，さらにその周囲を諸室が取り囲むという非常に明快な，前述のヴァストゥ・プルシャ・マンダラにも似た同心円状の構成である。これはあくまで理想的な構成ではあるが，家の規模が小さくてダランや部屋の数が減ることはあっても，基本的に中庭は必ず設けられる。内部の諸室の使い方は，季節や時間，家族形態や通風や日射などの環境条件，街路からの距離等に応じて流動的であることが一般的である。固定した居間や食事場所がなかったり，暑期と寒冷期では寝る場所が異なったりするケースも稀ではない。

図14　ヴァーラーナシーの伝統的住居の空間構成モデル

4．融合寺院——寺院を抱え込む住居

　本節では，これまで論じてきたヴァーラーナシーの伝統的住居と聖地としての機能を支えるヒンドゥー寺院との関係に注目しながら，冒頭に紹介した「融合寺院」の実態およびその形成プロセスに焦点をあわせ，居住空間における現代的変容の一側面について検討を行いたい。

融合寺院発生の背景

　2014年に旧市街中心部で行った調査では，155の融合寺院が確認された。同じ範囲にある独立した固有の建物を有する寺院の数は245である[11]。つまり寺院総数400の約4割が融合寺院ということになる。ヴァーラーナシーではありふれた存在であり，一部の敬虔なヒンドゥー教徒は眉をひそめるものの，現地の人々の多くはほとんど気にかけていない。

　20世紀末に始まったインド全体の経済成長に伴い，都市部における人口増加と都市空間の更新はその速度と激しさを増している。この変化に伴う開発圧力および土地不足が，融合寺院発生の最も基礎的な要因だということは，一見して明らかではあるが，ここで改めて確認しておきたい。開発可能な土地が足りないからこそ，寺院の境内や上空のスペースにまで建築行為が及ぶのだろう。しかしながら，これはあくまで外的要因にすぎない。融合寺院という変化を受け容れる寺院の側には，どのような内的要因があるだろうか。

<u>ヴァーラーナシーの寺院</u>　ヴァーラーナシーに見られるヒンドゥー寺院の規模は様々であるが，共通する基本的な建築構成は図15のようである。高さ数十cmの基壇上に本殿が立ち，シカラ sikhara と呼ばれる塔状の屋根がその上に載る[12]。前殿は省略されることもあるが，シカラはほとんどの寺院が備えており，ヒンドゥー寺院の外観上のシンボルとなっている。ヴァーラーナシーはシヴァの都とされ，寺院の祭神はシヴァ神が圧倒的多数である。所有関係については不明な点が多いが，通常は土地の所有者と同一である。大規模な寺院を除けば宗教団体が所有していることは稀で，多くは個人の所有である。

<u>林立する寺院</u>　聖地であるヴァーラーナシーには寺院が多い。筆者が2000年に旧市街中心部で行った調査では，小規模な祠も含めると29m四方に一つという非常に高密な分布であ

11)　融合寺院の数との比較ができるよう，将来的にも融合寺院にはなりえない寺院（露天の寺院や，建物の一室にある寺院など固有の建物をもたない寺院）を除いている。

12)　インド建築の用語で寺院の屋根を指す語。サンスクリット語で「頂」の意。

図15　ヒンドゥー寺院の基本構成

った。その多くは街路沿いに位置するため，旧市街を歩くと10mと空けずに寺院や祠のシカラを目にする。実感として「林立」という表現がふさわしい。とりわけ街の中心寺院や川岸の火葬場といった重要スポットの周囲や火葬場へ至る葬列のルート沿いには，すさまじい密度で寺院が集まっている。ヴァーラーナシー自体がインド有数の聖地であるが，その中でも特に重要な場所に寺院が集まり，寺院の密集がさらなる新寺院の建設を促す，という連鎖反応が起きているようである。融合寺院発生の背景としてまず確認すべきは，聖地であるがゆえに寺院が多いという，この単純な事実である。

<u>不動の寺院</u>　都市空間との関係という視点からこれらのヒンドゥー寺院を見た時，最も重要な特徴は，寺院と場所との強い結びつきである。一般にヒンドゥー寺院の聖性にとって本質的に重要なのは聖別された場所そのものであり，それを示すのが，垂直に屹立するリンガである（図16）。それゆえリンガは，破却はもちろんだが，原則として移動もできない。新しい建物の建設や増築の際にも，寺院を移動させることなく新しい建物に組み込むのは，このヒンドゥー寺院の「不動性」による。一方で，リンガの覆い屋たる建物としての寺院は，神聖であるには違いないが，決定的に重要なリンガに比べるとやや重要度が落ちる。ヴァーラーナシーに限らず増改築を施された寺院建築は珍しくない。融合寺院という，寺院と他の建築物とが組み合わされる現象がある程度社会的に許容されている現況は，この文脈から理解できる。

<u>寺院であり続ける寺院</u>　融合寺院の形態は奔放である。隣接する建物にめり込んでいたり，シカラの上を建物が覆っていたり，周囲を包み込まれた寺院のシカラだけが屋上から突き出していたりといった事例が見られる（図2, 3, 4）。しかしこのような姿をしていても，内部にはリンガが据えられ，祭祀が日常的に行われ，外部からの参拝を許容するなど，外観だ

13）シヴァ神（およびそのエネルギー）を象徴する男性器を象った神体。

図16　シヴァ神の象徴・リンガ

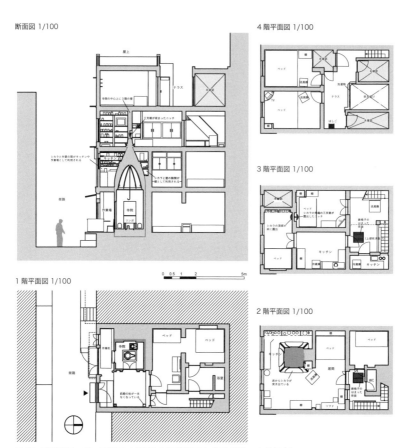

図17　事例①テーラーの住宅：平面図および断面図（図版製作：山本将太）

けでなく，寺院としての機能もまた維持されていることは注目すべき点だろう。寺院入口が住居内に囲い込まれている場合でも，扉をノックし内部の寺院に礼拝したい旨を伝えれば，断られることはない。ヒンドゥー教では寺院の破壊はもちろん他の用途への転用もタブーとされており，ひとたび成立した寺院は，以降ずっと寺院であり続けるという，強い慣性を有している[14]。先に述べた寺院の不動性というハード面の持続性とあわせて，このソフト面の持続性もまた，融合寺院生成における寺院側の要因となっている。

14）［Vidyarti 1979：44］

融合寺院形成のプロセス

　それでは，具体的にどのようなプロセスで融合寺院化が進行するのか，そして組み込まれた寺院は生活の中でどのように扱われているのか。以下では，住宅内に寺院が完全に包含されている融合寺院（事例①）と，融合寺院化の過程にあると思われる寺院と住居（事例②），二つのケースの実態に基づいて検討を行う。

図18　2階のシカラとキッチン

事例①：テーラーの住宅　この住宅＝融合寺院は，火葬場として有名なマニカルニカ・ガートにほど近い旧市街の一角にあり，家長とその兄弟の家族計20人が住む。建設年代は寺院も住宅部分も不詳であるが，54歳の家長によれば，彼が生まれた時から寺院を内包した状態であったという（図17）。

《空間構成と使われ方》　図からわかるように，シカラをもつ寺院が4階建ての住宅の中に，平面的にも断面的にも完全に包含されている。1階の寺院の南側が家業であるテーラー（仕立屋）の店舗兼作業場であり，ミシンが置かれ昼間は街路に大きく開かれる。この開口部を通じて，街路からも中に寺院があることをかろうじてうかがい知ることができる。2階では，床を貫通したシカラを囲むようにキッチンとリビングが配され（図18），3階にもキッチンが二つある。他は居室（寝室）や倉庫等である。上層階の階段付近の床には，屋上から下層階に光や空気を導くための穴が開けられている（図19）。これは前述の中庭式住居の中庭が極限まで縮小されたもので，ヴァーラーナシーの小規模な住宅ではよく見られる形である。

図19　床に設けられた小さな吹き抜け

《現状に至るプロセス》　この土地には元々寺院とその寺院を所有・管理するバラモンの住宅が建っていた。それを現家長の曽祖父が購入したという（80～100年前か）。そもそも住宅と寺院付きで土地が売買されていたのである。購入時には寺院と2階建ての住宅が独立して並ぶ状態であり，その後住宅の床面積を増やすために増築が行われ，現在の状態になったという。ヒアリングと実測の結果を照らし合わせると，図20のように，平面的には元々は街路に面して立っていた寺院を

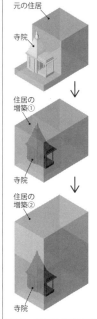

図20　事例①の融合寺院化プロセス

飲み込むように道路際まで住宅部分が拡張され，断面的には3階の一部と4階が寺院の上部に乗る形で増築されることで，融合寺院となったと推測できる。

《寺院の扱い》 寺院はその外側の建物とあわせて家長の所有であり，朝夕2回の日常的な祭祀（プージャ）も家族で行っている。ヒンドゥー寺院の管理や祭祀は一般に司祭階級であるバラモンが行うとされているが，彼らはバラモンではない。しかしプライベートな寺院であるため問題ないという。規模は異なるものの，先述した家庭内の祭壇（図7）と同じ位置付けがなされていることがうかがえる。また，プライベートな寺院ではあるが外部の人の参拝を拒んでおらず，祭礼時には近所の人々が大勢参拝に来るという。

寺院の建築に目を向けると，中に大小二つのリンガが据えられた本殿はほぼ原形のまま維持されていると見られるが，前殿の柱は「階段への出入りに邪魔だった」という理由で一本除去されている。2階では巨大なシカラの存在が圧倒的である。居住空間の中にシカラが貫入しているというよりは，まずシカラがあり，残ったスペースが居住に充てられていると見るのが適切である。3階ではシカラの最頂部にある三叉戟を露出させるために，わざわざ壁面を掘り込んでいる点が目を引く（図21）。本殿内のリンガとシカラの頂部を結ぶ垂直軸（図15）は聖なるエネルギーの上昇運動を象徴しており[16]，寺院建築に手を加える際にも，シカラの頂部および上部を覆うことは避けるべきと考えられている。寺院本殿の大半を増築によって覆いながらもシカラのみを屋上に解放している例（図4）も少なくないが，それはこのタブーによる。本事例の場合，床面積増大の要求がタブーにまさり，シカラの上部は建物に覆われたが，せめてもの配慮としてその先端を壁体から露出させているのだと考えられる。

この事例に限らず，「住宅の改修にあたって寺院を壊したり移動しないのか」という問いに対しては，即座に「ありえない」という答えが返ってくる。神に対して失礼であるし，

15）三叉戟はシヴァ神の持つ武器であり同神のシンボル。シヴァを祀る寺院の頂部にしばしば設置される。

図21 壁面のニッチに納まるシカラ先端の三叉戟

16）ミッチェル［1993：85-87］，小倉［1999：263］参照。

家の中に寺院があることは非常にシャンティ（ヒンディー語で「心が安らぐ」等の意）で喜ばしいことであるという。

　全体として見ると，前殿の柱が除去されたり，シカラに上階を支える梁が貫通したり（図22），棚がつくり付けられるなど，寺院建築には少なからず手が加えられている一方で，シカラを避けてキッチンを配したり，壁に埋まった三叉戟や彫刻を丁寧に露出させるなど（図23），実用的要求とのせめぎ合いの中で，寺院建築の機能や象徴性をなるべく維持しようとする強い意志が見られる。

図22　シカラを貫通する上階の床梁

図23　3階床付近に現れるシカラ先端部の彫刻

事例②：融合寺院未満　旧市街中心部の繁華な商店街に面して建つ，巡礼地ともなっている高名なヒンドゥー寺院とそれを囲む建物からなる事例である。寺院は周囲の建物と直接的には接触していないため，この寺院は融合寺院ではない。にもかかわらずここで取り上げるのは，この事例が通常の寺院から融合寺院への過渡的状況を示していると考えるためである。

《空間構成と使われ方》　西側の街路との境界には塀が立ち，寺院の東と南側は2階建てのL字形建物が囲み，北側は隣家の壁面沿いに神像が並ぶ。つまり塀と建物に囲まれた中庭に寺院が建っている格好である（図24）。住人はバラモン・カーストに属し，この寺院の祭祀や日常的な管理を担いながら，L字形建物の一角と寺院の周囲を使って居住している。建物内の部屋はキッチンなどに充てられ，寺院の外壁と塀や

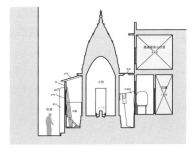
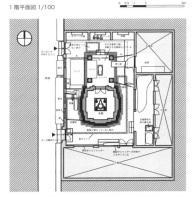

図24　事例②融合寺院未満の寺院と住居：平面図および断面図（図版製作：山本将太）

寺院とともにある住まい／169

建物の間に部分的に波板を架けたりカーテンで仕切ったりしてベッド等の家具を置き，寺院前殿とあわせて居間や物置などの居住スペースとして使っている。なお，建物の東南と南側部分は店舗として別の店子が使い，2階には1階に住む家族の親戚家族が住んでいる。

《現状に至るプロセス》　住人によれば，寺院は500年前にパンジャブ出身の裕福な一族により建設され，現在はトラスト（信託）によって運用されているというが，詳しいことはわからない。L字形建物はこの寺院の祭祀を執り行うバラモンの住居として作られた。本来は2階が居住用スペースで，1階は供物を調理するなど寺院の一部であるため居住すべきではないとされる。それにもかかわらず現在1階を使って生活しているのは，2階を親戚家族に不法占拠されたからだという。それだけが理由ではないかもしれないが，1階部分だけでは手狭なため，彼らの生活は寺院周囲の屋外空間へ溢れだした。寺院外壁と周囲との隙間は，現在は仮設的な板で塞がれているが，経済的な余裕ができればしっかりした石造の屋根を設けたいという。もし将来的に寺院周囲に石造の屋根がめぐらされれば，寺院は周囲の建物と恒久的に一体化し，融合寺院が誕生することになる。

《寺院の扱い》　街路に面した門扉は朝6時から夜12時まで開放しており，参拝は自由である。巡礼地であるため，遠方からの巡礼者がよく参拝に訪れるという。寺院の周りに住んでいるため，食事に肉類はもちろんタマネギやにんにくを使わない，食事ができたら自分たちが食べる前にまず神様へお供えをするなど，寺院の存在は生活の一部に組み込まれている。住人は朝夕のプージャや掃除など寺院の日常的管理を行っているが，彼らはトラストから管理料等の報酬は受け取っておらず，一方，家賃は払っていないという。具体的な契約関係は明らかではないが，少なくとも実態として，寺院の日常的な世話をするかわりに彼らは寺院敷地内に住む権利（および巡礼者からのお布施等の副収入）を得る，というある種の共

生関係が成り立っているようである。

　この事例の他にも，寺院を日常的に管理するバラモンが，寺院壁面に小屋掛けをしたり（図25），敷地内の小さな付属的建物に居住していることは珍しくない。寺院敷地内における居住行為が寺院の周囲に恒久的な居住空間を形成し，次第に寺院を包み込むように一体化しながら拡大していく。そのような融合寺院形成のプロセスの一例を，この事例は示していると考えられる。

図25　寺院壁面への小屋掛け

5. 都市の特質を表現する融合寺院

　融合寺院が形成される背景には，一方に経済発展・人口増加に伴う都市空間の開発圧力という外的要因があり，他方に移動も破壊も転用もはばかられる個人所有のヒンドゥー寺院が多数存在するというヴァーラーナシー特有の内的要因がある。そのような状況下では，古くから寺院が建つある土地に何らかの開発要求が生じる事態は頻繁に起こりうる。普通に考えれば，寺院を壊して開発を実現するか，寺院を残し開発を諦めるかの二者択一を迫られることになる。しかしここで当地の住民は，まがりなりにも寺院の機能と建築を残しつつ，そこに新たな建築物を覆い被せるというアクロバティックな方法で，寺院を維持し，かつ開発の要求をも満足させるという第三の道を選択した。

　都市空間の更新という観点から注目すべきは，融合寺院が既存寺院をいわば地形と同等の前提条件として受け容れ，その上に新たな建設を重ねることで，新旧の建築空間の融合／共存を実現している点である。「融合」の具合はたしかに乱暴である。苦肉の策というのが実際かもしれない。しかし結果として立ち現れた寺院と住居が融合したその姿は，3000年にわたって聖地でありかつ生活の場であり続けたヴァーラーナシーという都市の歴史性と居住文化の特質を，如実に体現するものとなっているのである。

柳沢　究

参考文献

小倉泰,『インド世界の空間構造：ヒンドゥー寺院のシンボリズム』, 春秋社, 1999。
辛島昇ほか（編）,『南アジアを知る事典』, 平凡社, 1992。
小磯千尋・小磯学,『世界の食文化8：インド』, 農山漁村文化協会, 2006。
小西正捷（編）,『インド：暮らしがわかるアジア読本』, 河出書房新社, 1997。
定方晟,『インド宇宙誌：宇宙の形状・宇宙の発生』, 春秋社, 1985。
杉浦康平（構成）・岩田慶司（監修）,『アジアのコスモス＋マンダラ』, 講談社, 1982。
橋本泰元・山下博司・宮本久義,『ヒンドゥー教の事典』, 東京堂出版, 2005。
藤井毅,『インド社会とカースト』, 山川出版社, 2007。
布野修司,『曼荼羅都市：ヒンドゥー都市の空間理念とその変容』, 京都大学学術出版会, 2006。
布野修司（編）,『世界住居誌』, 昭和堂, 2005。
ミッチェル, ジョージ；訳/神谷武夫,『ヒンドゥ教の建築：ヒンドゥ寺院の意味と形態』, 鹿島出版会, 1993。
柳沢究・中濱春洋・岡村知明・布野修司,「ヴァーラーナシー（インド）旧市街における住居の平面構成と類型」, 日本建築学会学術講梗概集, F-1分冊, pp. 185-186, 2008。
柳沢究・布野修司,「ヴァーラーナシー（ウッタル・プラデーシュ州, インド）の都市空間形成と巡礼路および寺院・祠との関係」, 日本建築学会計画系論文集, No. 583, pp. 75-82, 2004。
山下博司・岡光信子,『インドを知る事典』, 東京堂出版, 2007。
米倉二郎,『インド集落の変貌：ガンガ中・下流域の村落と都市』, 古今書院, 1973。
Chakrabarti, Vibhuti, *Indian architectural theory : contemporary uses of Vastu Vidya*, Oxford University Press, 1999.
Couté, Pierre Daniel & Léger, Jean Michel, *Bénarès : un voyage d'architecture*, Editions Creaphis, 1989.
Eck, Diana L., *Banaras : City of Light*, Penguin Books, 1993 [first published 1982].
Michel, Georgel & Singh, Rana P.B., *Banaras: The City Revealed*, Marg Publications, 2005.
Office of the Registrar General & Census Commissioner, India (ORGI), Census of India Website (http://censusindia.gov.in/) 2011.
Oliver, Paul, *Encyclopedia of Vernacular Architecture of the World*, vol. 1-3, Cambridge University Press, 1997.
Randhawa, T.S., *The Indian courtyard house*, Prakash Books, 1999.
Singh, Rana P.B., *Banaras (Varanasi) : Cosmic Order, Sacred City, Hindu Traditions*, Tara Book Agency, 1993.
Vidyarhti, L.P., Jha, M. & Saraswati, B.N., *The Sacred Complex of Kashi: A Microcosm of Indian Civilization*, Concept Publishing Company, 1979.

自然と民間信仰と共に生きる
―― 沖縄の受け継がれてきたくらしとこれから

1. はじめに

　沖縄に対しては，例えば，屋根には赤瓦，シーサー[1]，そして夜の街に鳴り響くサンシン，泡盛など，本土とは異なる情緒や味わいを感じる要素が多いであろう。その独自の文化は，400年以上続いた琉球王国の時代以前から，長い時を重ねて蓄積され，そして受け継がれてきた文化，すなわち自然崇拝に根ざした民間信仰や，当地の自然環境に共生しようとする人々の生活上の知恵により築かれてきたものと言ってよい。

　一方，沖縄は第二次世界大戦により多くの犠牲を払ったうえ，連合軍の占領下に置かれ，未だに米軍基地問題など深刻な問題も残る。那覇などの都市部を訪れると，コンクリート建築が建ち並び，戦後になってきれいに整備された都市空間は，一見すると日本全国の地方都市と同じ様に見える。しかし，その中にも明らかに異なる趣が存在しているのが沖縄である。自然そして自然の中に生きる神々を崇め，祖先達を崇める沖縄の人々のくらしはどのようなものなのだろうか。

　本章では，彼らの独自性を形成する諸要素のうち，特に生活の根幹となる「居住空間」の構成について，「自然」と「民間信仰」を視点に考えていく。また章末では，筆者設計による一棟の住宅を通して，今後に継承すべき沖縄における居住空間について考察する。

2. 沖縄の自然環境と人々のくらし
特異な自然環境によって特徴づけられる沖縄

　沖縄は「黒潮」の流路に沿って弧状に分布する[2]（図2）。
　黒潮は[3]，6万年前には既に存在し，古から島々にくらす人々の移動に大きな役割を果たしてきた。「海上の道」と呼ばれる所以である。しかしながら，この速度のある潮流を船

1) 獅子（ライオン）が原型とされるシーサーは古代オリエントに起源を持ち，3～15世紀頃に中国から沖縄へ伝わったとされる。長い時の流れの中で獅子像は変化をくり返し，現在のような形となった（図1）。

図1　シーサー

図2　黒潮の流路

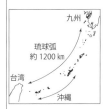

図3　琉球弧

2) 南西諸島は，九州南端から台湾北東の約1200kmに及ぶ亜熱帯の大洋に，飛び石のように配された大小の島々から成る。地理的表現では，「琉球弧」と呼ばれ，「黒

「潮」の流路に沿って弧状に分布する。北側の奄美の島々、その南に沖縄の本島と島々、そのまた南に先島とよばれる宮古列島、八重山列島から成る。そのうち沖縄県は、その中の南北400km、東西1000kmの海上に弧を成して連なる160の島々から成っている（図3）。

3）アジア人の祖先は、約6万年前に黒潮に乗り北上したという説がある[小田 2003]。黒潮は、台湾と屋久島の間にあり、幅100km、水深は1～2km。時速7kmの日本海流という暖流、その最大時には1日に200km以上進む速さを持った激流で、世界最大級の海流である。

4）たとえば、アマベー（雨の南風）、イソビヌハカディ（北西風・大陸からくる一番寒い風）、カジマヤー（春先の強風）、シングワチ・フチャーギ（4月の吹き上げ）など。

図4　フクギ

で横切ることは容易ではなかった。潮流を渡るには安定した季節風を待たねばならない。沖縄は潮の流れと南風の向きが合致していない位置にあるために、台湾や九州へは航行できなかった。往来の困難さ故に、南西諸島は、本土とは異なる独特の文化を形成したと言われる。

そして「風」は、沖縄の生活文化を考えるうえで重要な要素である。本土の四季と異なり、沖縄の季節は、大きく分けると夏と冬の二季である。それを分けるのは、風の向きで、夏は「南風」、冬は「北風」が吹く。沖縄では、風のことを「息（イチ）」と言い、人間が呼吸するようなものととらえ、風は地球の呼吸、台風は地球の力強さの表れであると考える。沖縄には風を象徴する言葉が多くあるが[4]、年中風にさらされている沖縄では、風の動きは、海上の移動、漁業や農業など生活に大きな影響を与える。台風は、被害をもたらす風である一方で、飲み水や農作物への恵みの水をもたらす。穏やかな風は人々に涼気を与え、湿気を逃がし、人々は自然の恵みとも言える風への親しみもおおいに感じている。風は沖縄の人々のくらしの重要な要素なのだ。

風と樹木が形成する生活環境

沖縄の人々は、昔から、風から島を守るために、樹木を大切にしてきた。潮風に強く、砂に強く、乾燥に強い樹木を重宝し、海辺の林を伐ることは禁じられていた。風と共存しながら樹木によって島を守るという術を身につけていたのだ。

このような沖縄の人々のくらしを守ってきた樹木の代表が「フクギ」である（図4）。

フクギはインド原産で、沖縄には15世紀前半に移入され、16世紀頃から、屋敷林としてまた集落を守る樹木として利用されてきた。フクギは、水分を多く含んだ艶やかで堅い葉を密に茂らせ、安定した根を張る常緑樹である。

風が強いため、沖縄の樹木の多くはデイゴのように横に枝を張る性質を持つが、フクギは風にも負けず常に上をめざし、

樹高は10〜15mほどになる。さらに，老木になっても，幹の下部からいくらでも枝を生やす。そのためこの樹木を1m間隔ほどで植えると緑の壁ができる。フクギの壁は，防火，防風とともに防砂，防潮の機能を発揮する。さらにやせた土地を好むため，沖縄の気候に適したすばらしい樹木である。

　沖縄は，台風が多いと言っても大きな被害をもたらすような風速の日は年に数日程度で，その時期を除けば，穏やかな日が続き爽やかな風が吹く。沖縄の暑い夏には，こうした快適な風を住居内部に取り込む工夫が必要である。人々は，フクギの下枝を払い，背丈の低い潅木を植えて生活空間に風を通す。屋根に当たる強風は，フクギの強靭な肉厚の葉によって遮断するという知恵を長い歴史の中で身につけた。

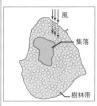
図5　竹富島の集落配置図

　こうした例を，現在でも八重山諸島南端にある竹富島に見ることができる。竹富島は，隆起サンゴ礁の平坦な地形であるが，一面樹木で覆われ，集落はその中ほどに位置する（図5）。島を取り巻く樹木のおかげで，島の北端から吹く風は，集落に届く頃には風速が60％程度になり，屋敷林によってさらに減衰される。屋敷林や屋敷周辺の石垣は，風を左右に分ける風の道をつくり，家屋に直接風がぶつからないようにしている（図6・7）。風を敵として防ぐとか戦うという発想ではなく，風と折り合いをつけようとしていることがわかる。

図6　竹富島フクギ並木

　さらに風環境のみならず温熱環境に対しても，樹木が，朝夕の直射日光を遮り周囲からの輻射熱を防ぐ役割を果たしている。フクギは移植できないうえに成長が遅く，2mほどに育つまでに20年，成木になるまでには300年かかるという。かつて沖縄の民家は茅葺きで，人々は風から家屋を守るために相当に苦心してきた。現在のフクギ

図7　竹富島街並

自然と民間信仰と共に生きる / 175

の風景は，祖先たちが未来の子孫のくらしを思い育ててくれた木々の恩恵である。人々はまた，フクギを聖木として祈りの際には神木として崇め，また建材として使用した。さらに，秋の黄色の実を草木染めの染色として用いるなど，生活の隅々になくてはならない存在であった。

「森」に守られ「山」に守られいきる

　沖縄の「森」とは地形が盛り上がったところを言い，木が生えている場所とは限らない。それに対して，地形が盛り上がっていなくても，木が生い茂っている場所は「山」である。集落がある場所は，防風林や水源の樹林によって「山」となり，その背後に「森」がある。

　「森」や「山」のかたちは気（エネルギー）の流れに大きな影響を与える。気が抱護（気を散らさない様に周囲を山々や樹木で囲まれている状態）され，調和されているところでは生き物たちが立派に育つと考えられている。一方，抱護が欠落している場合には，樹木を植えて欠落を補おうとする。

　気を抱護するために植えた樹木を防護林と呼ぶ。望ましい景観や生きているエネルギーを保存するために重要な概念である。

　森林は不完全な地形を生命力に満ちた地形へと補完するとされている。沖縄には「腰当（クサテ）の森」が点在するが，これは集落の背後にある拝所で，古くから存在する緑地である。小高い丘である「腰当の森」は神が鎮座する場所で集落の北部にあり，北風を防いでくれる。その森の中に守護神を祀る神聖な場所「御嶽（うたき）」が存在し，守護神の懐に抱きかかえられるように集落の家屋が配置されている。集落内の住居は，腰当（クサテ）の南面の傾斜地に立地し，南向きを基本とする。そのため排水はよく，冬はよく日があたり，夏の南風をよく通す。背後の森は「御嶽」があるがゆえに何人にも荒らされることなく，自然の原形を保ち続けているのである。

5）「セブンス・ジェネレーション」というアメリカ・インディアンに特有の考え方がある。7世代先を想像して生きることは，持続していくために大切な感覚だとするものである。沖縄の人々の感覚もそれに近い。

6）抱護の樹木には，屋敷抱護，村抱護，間切抱護，浜抱護 そして，後述の腰当（クサテ）の森などがある。

3. 沖縄の民間信仰と人々のくらし
集落を守護する祈りの空間「御嶽（うたき）」

　沖縄では，本土ではとうに忘れられて痕跡のみが残っているような古代の信仰やしきたりが，今でもくらしの中に生きている。それらは，自然の神々と祖霊を心から敬い，地域と同族の共同体を大切にする心である[7]。こうした信仰における重要な場所の一つが「御嶽（うたき）」であり，御嶽は集落に必ず一つ以上存在する（図8）。

　御嶽とは，森林であり，集落の守護神がいる聖域であり，見えない世界と交信する場所である。人々は御嶽を中心に祭りや集落の共同体の社会活動のすべてを営んできた。また，御嶽には人骨が埋葬されている例が多いことから，村の創建にかかわった祖先の墓所であるという説がある。集落では御嶽に一番近い場所に集落の創始者の家である根家（ニヤ）が建てられ，その集落の最も古い宗家の主人である根人（ニーンチュ）が集落の行政の運営を行い，根人の姉妹で祭りごとを司祭する根神（ニーガン）が信仰を執り行い，行政を補佐する。

[7] 本土において中世より広がった仏教的な教えが沖縄の生活には定着していない。国により仏教が取り入れられた時代もあったが加速度的に衰退していったとされる（沖縄でのヒアリングによる。参照：東本願寺沖縄別院ホームページ http://shinran-oki.org/history.html）。

図8　集落に一つはある御嶽

　沖縄では，神の遣いには女性しかなれない[8]。祭祀を行うのは「母」であり，島の守護神は「母神」である。漁獲採集の時代には，浅瀬のイノー（礁湖）で魚介類を採集することは，老若男女誰にでもでき，労働力で男女の差はなかった。そして子供を産む能力を備えた女性は悠々たる力を持つとされ，母親を中心とする社会が出来上がっていった。彼女たちは目に見えない世界と交感し，自然との一体感をつくり上げてきた。御嶽とその信仰は，日本の古代信仰のありようを今に伝えているのだ。

[8] 本土の神社では基本的に社殿があり，神主の多くは男性である。

　御嶽は，通常は森に囲まれどこまでが結界かはわかりにくい。木々に囲まれた「間」が存在し，小さな石が置いてあるだけのものなど，何も示すものがない場合も多い（図9）。場所によっては鳥居などが建てられているが，これは時代の変遷の中で神道の

図9　フボー御嶽

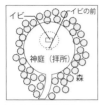
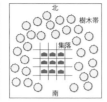

図10 御嶽配置図　　図11 低島配置図

影響を受けたものと考えられている。入り口から入ると神庭があり，そこでは奉納芸能が演じられる。神庭の奥に，御嶽の中で最も聖なる場所のイビがある。イビにはクバなどの大木や岩だけがあることが多いが，町の中だと香炉が置かれていることもある。そして集落を訪れる神が座するイビには，司（ツカサ）という神女と補佐役の女性のみが入ることができる（図10）。

9) 御嶽の神域のこと。神女しか上がることが許されていない。

10) 沖縄ではビロウと呼ばれる15mほどにまで成長するヤシ科の常緑高木。

風水と集落のかたち

沖縄では，琉球国になる前から風水師が存在し，地形を読み取ることが人々に根づいていた。冬には北風が吹きすさび，夏には台風が激しく襲い，水不足の経験も多いという厳しい自然環境の克服の願いと，中国との交流が相俟って，風水思想が定着したと考えられる。

前述のように，沖縄の人々は樹木と寄り添って生きてきた。沖縄の集落には村を抱護する樹林帯がある。集落の後方の森林とともに，樹木帯は集落を取り囲むように造成されている。さらに各家屋を囲むようにフクギの屋敷林が植えられている。これらの樹木群は「風水樹」とよばれ，風水的欠落のある地域を補うため機能的に植林されている。平坦な島々が多く厳しい条件から島を守るための，独特の風水樹のレイアウトであるとともに，集落北側の樹林帯では，自然林を修復するかたちで人工林が補植され，冬の北風と台風時の東風を想定した景観計画となっている（図11）。集落のかたちは風水の考え方に基づいてつくられ，自然環境とつながった一つの生命体と考えられているのである。

11) 風水においては，「気」＝「エネルギー」が収縮，拡散し，宇宙万物が循環することが基本であり，この気の流れを読み取ることが重要である。大地，人間，動植物の体内でさえ連続して流動し，取り巻く環境が一つのつながった生命体として考えられている。人間がそれらの環境に適応するように，くらしをつくっていくことが風水の基本的な考え方である。狩猟採集の時代には，人々は自然の中で生かされているという認識のもと自然に対する畏怖の念を持っていた。また食料を求めて動物たちのいる方角に移動するために，「方位」を意識した思想を身につけていった。一方，農耕の時代が始まり定住する生活では，自然と調和することが必要に

神々が宿る居住空間

沖縄では人々は多くの神々を崇めて生活をしてきた。海に囲まれた島々の人々にとって，太陽，月，海は大自然のバイ

178／自然と民間信仰と共に生きる

オリズムを生む神であり、祖霊神、自然神と考えてきた。また、生活に結びつく神々としては火の神、水の神、便所の神、屋敷の神などがあり、日常的に感謝すべき存在であった。

沖縄では年間総雨量は多いが、山や大河がないために水不足がひんぱんにおこる。そのため、水の神より賜る水を敬い、地域の人々が力を合わせて水を大切に守る伝統がある。例えば、昔ながらの民家の庭には天水の利用設備（天水槽など）が備わっている。琉球サンゴ礁石灰岩の台地にしみ込んだ水は、石灰岩の下に水脈をつくり、大地突端からの泉となる。これらの恵みの場所もまた信仰の対象となっている[12]

4. 神と共に住まい自然と共に住まう
沖縄の居住空間とその構成

沖縄の伝統的な民家は、風土と生活慣習、そして信仰から生まれた素朴で独特な建築である。家づくりは、基礎をつくるために畑から土を運んだり、茅葺用の茅を刈ったり、屋根を葺いたりなど様々な作業を、地域の人々が協力し合って行う。小規模な小屋などであれば、柱や茅などの材料集めは前もって行っておき、建てるのは、村の共同作業により一日で完了する習わしである。その日には、建主から提供されたヤギを皆で丸ごといただくような慣習が現在も残る。建て方から作業中の賄いまで、全ての仕事は分担して行われ、地域共同体の結束力を高める行為となっている。

こうした民家建築の際、重視されるのは、やはり風であり、風により、良い影響も悪い影響も生ずると信じられている。住居は、良い風を通し、悪い風をいかに避けるかが課題となり、坐向（住居の向き）が重要になる。すなわち、いかに夏の季節風を受け入れ冬の季節風を遮るかが重要であることから、住戸の配置計画上、「坐北向南」[13]が基本的なかたちである。台風から家を守るために、敷地の周囲に石垣を積み、その内側には防風林の機能を持つフクギを植える。建物は、南側から夏の季節風と太陽光を室内へと取り入れる。南側に敷地内

なる。植物の成長の変化や、種植え、収穫の時期などを知るために「時間」を意識し、時と共に変化することを学びはじめる。これらの考えは、原始的、本能的な「風水」の始まりと考えられる。移住から定住にかわり、自然の法則に寄り添い生きるための知恵としてこのような景観地理哲学が生まれたのである。

12) なお、筆者が2014年12月に石垣島を訪れた際には、長く雨が降らず雨乞いの儀式が行われていた。御嶽の井戸から水を汲み、マーニ（クロツグ）の葉で鉢巻きをした住民や司らが井戸を中心にして円陣を組み、雨乞いの歌を歌いながら慈雨の到来を祈願していた（図12）。

図12 雨乞いの様子

13) 風水の用語で、正面を南向きとし、奥を北とすること。

14) 中国語の屏塀に由来する。家の正面の門と母屋の間に設けられる仕切りは通りからの目隠しの機能を持つが、風を受け流すようにつくられている。また沖縄の魔物は角を曲がるのが苦手なため、直進して入ってこないようにする魔除けの意味を持つ。

の入口があり、住宅内部への目隠しの機能と魔除けの意味を持つヒンプン[14]（図13）がある。ヒンプンの東側から入るのがハレの客動線であり、西側が、ケの日常的な動線となる（図14）。

建物は敷地内に機能による分棟型で配置される。母屋、台所（トゥラ）、納屋・畜舎、便所兼豚小屋（フール）、客間（アサギ）のように分けてつくられているのである。ヒンプンの同軸上の北側に母屋、ヒンプンを西に入ってすぐのところに納屋・畜舎、母屋の西側に台所、北西に便所が配置される。ヒンプンを東に入ったところに客間がつくられる。また外部空間では、母屋の南側に、庭（ナー）がつくられ、ナーと納屋の間に井戸（カー）がつくられ、母屋の北側には菜園（アタイ）がつくられる。

分棟にする理由はいくつか考えられるが、たとえば一つの建物の大きさを小さくすることで風の影響を受けにくくなる。また大きさが小さい方が、大きな部材を使わなくてすむ。そして敷地内のいくつかの場所に、神が存在している。特徴的な一例に、便所兼豚小屋（フール）がある。フールでは人間の大便を豚に食べさせ、その豚を人間がいただくという循環システムが成立しているが、この場所には、フール神が宿り、西からの魔物を追い払うという（図15）。

図13　ヒンプン

図14　民家配置図
1. ヒンプン　2. 牛屋
3. 井戸　4. 客間　5. 馬屋
6. 納屋　7. 台所　8. 母屋
9. 便所兼豚小屋　10. 菜園

図15　フール

住宅の平面構成

一方、民家の平面構成においては、日常生活と民間信仰とのかかわりを無視することができない。

沖縄における住居の平面構成の基本は坐北向南であると述べた。これに関連して、東の方向を神が出入りする方向として最も尊び、西の方向を忌み嫌う。母屋は、土間がなく、南北に前室と後室に分かれ、南側を表座、北側を裏座としてつくる。裏座は、北側からの季節風を遮る機能も持っている。さらに東西方向にも分けられ、東側に上座として一番座、西側に向かって二番座、三番座とつくっていく。住まいの中心となるのが、仏壇（トートーメー）で

180 / 自然と民間信仰と共に生きる

あり，二番座に位置する。これは，集落の成り立ちと同じであり，腰当（クサテ）の考え方と同じである。先祖の膝に座っているような形であり，背後にクサテの森が配置されていることになる（図16）。

一番座には家の主人が住み，一番裏座は長男の部屋となることが多い。外部空間でも，東南東に屋敷神を祀り，西側には畜舎などを配置する。台所には，カマド神である火の神が宿る。これは家族の養育の神と言われ，特に神聖化され別棟に置かれたようだ。しかし，家事動線などが考慮され，台所と母屋はだんだんと一体化されていった。

なお，民家の構造は基本的に本土のものとよく似ているものの，沖縄の風土に適合する工夫が加えられている。貫木屋（ヌキヤー）は，礎石の上に柱を建て，その柱に貫を通して楔締めによって固めた木造軸組構造である。シロアリの多い沖縄では，住宅には，堅くて湿気に強いイヌマキ（チャーギ）と呼ばれる木がよく使われている。チャーギは耐久性が高く強度がある優れた建築材料だが，成長が遅く大径材がとりにくいという難点がある。また，木材を長持ちさせるために半年から1年間ほど砂浜に木材を埋めて潮干（スーカン）をする方法なども用いる。スーカンを行うことで木材が堅くなり，防虫効果が保たれる。

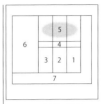

図16　民家平面構成
1．一番座　2．二番座
3．三番座　4．仏間
5．裏座　6．台所　7．雨端

風を受け流し日射を遮る屋根

沖縄の伝統的な民家の屋根は台風で飛ばされないよう軒高を低くしている。低い軒高は同時に足元周りに影をつくり，柱の根元を雨から守ってくれる。また，寄棟屋根は棟長が短くなり，方角が変化していく台風の風を受け流すのに適している。屋根の勾配は，水はけが良く，雨水が漏りにくく，かつ維持管理がし易いという理由から5寸勾配が基本である。また南側には，雨端（アマハジ）という低い軒高で3〜4尺の深い庇が設けられる（図17）。雨端は，建築の横力方向を補強すると同時に，雨が降っていても戸を開放することができ，

図17　雨端

強い日射を遮り，室内に日陰をつくる仕掛けである。

民家の屋根は，昔は草葺屋根で材料は茅が主であったが，茅と笹，竹，サトウキビ殻などを混ぜて使用されている例もあった。現在の沖縄の「伝統的」な風景をつくっているのは赤瓦だが，封建時代には高価な瓦を使うことが禁止されていたため，実は明治時代以降に普及したものである。赤瓦屋根は，雌瓦の上に円筒を縦に半分に割った雄瓦を被せ，継ぎ目を漆喰によってしっかりと固めた構造である。谷型になり雨水が流れる雌瓦は，葺き足を短く重ね代を大きくとることによって断面が3枚重ねに近くなり，漏水しにくい構造をつくる。瓦は本土より薄く15mm程度の厚さである。瓦の下は，細かく編んだ竹の上全面に50cmほどの厚さで隙間なく土を敷きつめてあり，高い断熱効果を持ち，沖縄の強い日射から室内を守ってくれる（図18・19）。

図18　瓦屋根

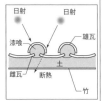

図19　屋根断面図

5．現代の沖縄の住宅

沖縄の住宅の変遷

沖縄の伝統的な住宅は，時代の流れとともに変化してきた。まず戦後米軍の占領下で米兵専用の住居をつくることを強いられ，米軍ハウスが登場する。米軍ハウスのほとんどは，木造ではなく，壁式コンクリートブロック造であった。そしてまた，沖縄独特の住居の特徴には何ら影響されない，あくまでもアメリカ人の生活スタイルに合わせ当時の先進的な住宅設備を備えた家のつくりである。本土の人々は，モダンリビングについて雑誌等のメディアで情報を得ることはあるが，実際に触れるのはごく一部の人々に限られていた。一方，これら沖縄のモダンリビングとも言える住宅には，当時の沖縄の人々が住み込みのメイドや庭師として実際に入って，憧れを抱いたようだ。さらに，米軍の施設においてコンクリート造の建設が普及すると，台風に強い建築として一般の住宅や建物において急激に広まっていった。

屋根に注目すると，茅葺屋根から瓦屋根，そしてコンクリ

ートの屋根へと姿を変えていく。昭和33年のマグニチュード7の地震のあと，赤瓦屋根がどんどん減ってセメント瓦へと移り，昭和50年頃には，セメント瓦屋根が70%を占めるようになった。その後コンクリートの陸屋根が普及すると，現在も多く見られる，陸屋根の屋上に花ブロックで手摺（パラペット）をつくり，屋根スラブに増築用の柱を角のように突き出し，外階段を設けて登れるようにする仕様の屋根が多くつくられた（図20）。またコンクリート屋根への直射光を遮るために，庇の付いたバルコニーを二階に載せた二重屋根の家も多く見られるようになる。実際には伝統的な沖縄の木造住宅は，台風時には屋根の上に重しを置き，木製の雨戸に長い棒で挟み込むなどの対策を取って十分しのいできたのであるが，台風対策を口実とした政府の政策によってこのような変化が広まった。

15）幾何学文様の透かしが入ったブロック。基地建設によりアメリカのコンクリート技術が導入され，沖縄に根付いていった。日射や視線をやわらかに遮りながら，風を呼び込んでくれる。

図20　角出しフラットルーフ

　構造がコンクリートやコンクリートブロックに変化したことで，台風対策は一見解決したように思われる。しかしコンクリートゆえの別の問題を抱えていくことになる。熱容量の高いコンクリートの家は，夏の夜に昼間貯め込んだ熱を室内に放射した。それを冷やすためにエアコンが多く普及し，電力の大量消費へとつながっていったのである。そしてコンクリート造の住宅は，かつての沖縄の民家が備えていた風のコントロール機能を必要とせず，防風林も不要となった。現代の人々は，長い間培われてきた樹木と一体化した生活を失いつつあるのである。

　新しく建てられた住宅の中には，地域の文脈や風土とのつながりが見られず経済優先で計画された住宅や，本土にも多く存在するような白いモダンリビング住宅も多く存在する（図21）。この現象は，沖縄市民や建築家たちの米軍住宅によりもたらされた「モダンリビング」への憧れと通じるものがあるのではなかろうか。しかし一方では，コンクリート造やコンクリートブロック造でありながら，伝統的な居住形態を守っている住居もまだ残っている。また数は少ないながらも，

図21　白いモダンハウス群

自然と民間信仰と共に生きる / 183

図22　名護市庁舎

沖縄の建築家たちによって新たに，沖縄の風土と現代的なくらしとを融合したすばらしい住宅や建築物がつくられている（図22）。こうした事例を考察することから，伝統が失われつつある現代において，沖縄の人々が培ってきた自然と調和しながら生きていく精神を呼び戻し，新たな「かたち」で再構築することができるのではないだろうか。

現代の沖縄にも残る沖縄の伝統

　変化しつつある現在の沖縄の居住文化の中にも，よく見ると，伝統が色濃く残っている。御嶽は，那覇など都心部において今も存続しており，特に老人たちを中心とした人々の信仰の対象となっている。そして地域の祭もこの御嶽を中心に行われている。さらに沖縄のいかなる場所でも神事は女性が司り，男性が行うことはない。

　住宅については，例えば石垣島の都市部に建てられたものの中には，形態を柔軟に変えながらも，伝統的な間取りを継承している事例が見られる。こうした事例では，台風の風の影響や近隣で起こる土地利用の変化に対してよく考えられていることが多い。

　神の島と言われる久高島では，街を見渡すと多くの住宅がコンクリート造になっており，この島にも変化の波があったことがわかる。最盛期には700人いた島人が，子孫たちが島の外に出ていってしまい，2014年現在は約210人だそうである。住居が継承されずに空き家となっているところも多い。しかし昔の敷地区画の中で，元々の住居が朽ちたものの，仏壇だけのために建て直した小さな家なども多く見られ，祖先を尊ぶ沖縄の人々の心がここにも見られる（図23）。さらには，那覇の都心部でも，旧盆には親族が亀甲状の大きな墓の周りに集まり，先祖と一緒に宴会を催している光景が見られる。先祖を敬う気持ちは，沖縄の人々にきちんと受け継がれているの

図23　久高島民家跡地

ではなかろうか。

6. 現代の沖縄において自然と一緒に培われてきた伝統的文化をいかに残すか

これからの住居の「かたち」とは

　沖縄の伝統を継承するこれからの住居の「かたち」はどのような姿であるべきであろうか。那覇市首里で筆者が手掛けた一つの住居「風の間」を例にして考えたい。

　場所は首里城の西南に位置する山間に開発された斜面状の住宅地である。敷地の北東側には沖縄独特の亀甲墓も見えるが、周りには住宅やマンションが近接する。筆者は、ここに、沖縄の伝統的な住居の知恵から学び、敷地の気候条件を読み込みこの場所の自然環境に寄り添う住宅をつくることをめざした。沖縄の強い太陽の光、風、植物そして新たに水などの自然環境と豊かな関係性を持つ建築をつくろうとしたのだ。

　プランは、伝統的な住居に習って、南側に入口を取り、ヒンプンを設けた。敷地面積が限られていることから2階建てとし、コストを考慮してコンクリート造とした（図24）。現在の沖縄では一般的には木造が最も高価、コンクリート造が最も安価なのである。

　伝統住居では、尊い方角である東側が客間、西側が収納、台所、トイレなどの日常空間と分かれている。しかし、敷地の西側に住居が近接し東側が開放されていることから、西南に客間、西北に台所や倉庫などの日常空間を配置した。客間と主屋は、限られた敷地の大きさゆえ、伝統住居のように分棟とはしていないが、南側の外部テラスからそれぞれ別に直接アクセスできるように計画した。沖縄の男たちは、友人を集めて仕事後に家で小宴をひらくことも少なくないが、この離れ的客間は家族のプライバシーを侵害しない。

図24　外観

図25 風の間,平面図
(1階)
1.客間(アサギ)
2.台所
3.リビング・ダイニング
4.食品庫
5.デッキ(雨端)
6.便所
7.ヒンプン
8.屋敷林に代わるフィルター
9.駐車場

図26 風の間,平面図
(2階)
1.子供室
2.主寝室
3.WCL
4.廊下
5.洗面所
6.浴室,脱衣所
7.テラス
8.菜園(アタイ)
9.屋敷林に代わるフィルター

図27 内部よりグリーンスクリーンを見る

16) この住宅では実際に,散水を雨水でまかなっている。

主屋は開放的な間取りとし,年間を通して風が通る南北方向を開放し,通風の妨げをなくした場所を居間と食堂の一体空間としている。これも伝統的な住居では,東から一番座,二番座と部屋を仕切り,南を表座,北を裏座と区切るのが一般的であるが,現代の家族間の関係性の変化,分家による仏壇の消失などの状況を考慮し,1階は,家族がフレキシブルに使える極力オープンなつくりとした(図25)。2階では,西側に水周りスペースを配置し,寝室や子供室は,1階と同様にフレキシブルなつくりとしている(図26)。このような2階建てのつくりはまた,住宅地が平地から斜面地へと広がり,台風の強い風が斜面地によって緩和されたことによって可能となったと言えよう。

また沖縄の太陽の光,風,植物そして水などの環境と豊かな関係性を持つ建築をつくりたいと考え,まず光について,大きな軒下(雨端)によって夏場の室内への強い直射日光の侵入を防ごうと試みた。南北のネットにはわせた緑(図27)は,光を和らげる役割を担うと同時に隣接する住宅や集合住宅からの視線を緩やかに遮る。冬場には一部の樹種が落葉し,室内へと十分な光を導くように計画した。次に水について,昔から沖縄は水不足に悩まされてきたことを踏まえ,大屋根に降る雨水を2階南北テラスの水瓶に貯め,その後,池へと導くようにした。この水は,ふだんは植栽の灌水に用いるが,水不足の際には中水として利用できるように計画している。[16]

風については,台風の風はしっかりと遮り常時は極力機械空調に頼らない環境を築くため,いかにして自然通風を利用するかを考えた。敷地は緩やかな斜面にあり,斜面下側より上側へと上昇気流が吹く。この風を最大限室内へと取り込むよう1階床面を約1m持ち上げる高床式とし,床下に風を通し,さらに住居の北側,南側2カ所に設けた池の水によって発生する気化熱による冷気を1階,2階の床面に設けた通風口を介して室内へと通す。また1,2階共に設けた南北面の木製サッシは,大屋根による深い軒があることで沖縄の伝[17]

186 / 自然と民間信仰と共に生きる

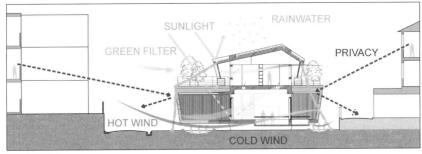

図28 風の間,環境断面ダイアグラム

統住居の雨端空間と同様,天候にかかわらず全開放できるようにし,建具を開けると室内が常に風の通り道となるように計画した(図29)。南北のネットにはわせた壁面緑化は,季節の花々が咲くように計画されており,沖縄の四季折々の立体庭園となる(図30)。さらに,この緑化壁は台風時の強い風を防ぎ,常時の風を取り込む伝統住居のフクギと同等の役割を担う。このように沖縄の地域独特の気候条件を把握し,伝統的な居住空間に習い,住まい手が自然を感じることができる豊かな住環境をつくり出そうとした(図28)。

17) 空調設備に頼るのは,年に1,2回の猛暑時のみだという。

図29 風が流れ抜けるリビング空間

図30 壁面緑化

現代社会が継承すべき沖縄の文化

沖縄南西諸島の人々は,特異な地理条件や厳しい気候条件のもとで丁寧に自然を観察し,共に生きてきた。そこには,常に祖先そして自然環境への深い敬意と感謝が存在し,そうした意識の下に,生活文化や共同体におけるつながりを継承してきた。しかし現代において沖縄居住文化は既に大きく変化してしまった。古いものを全て保存することは既に不可能であるし,形のみを残すことに意味はあるまい。

筆者が設計した「風の間」は,伝統的住居の構成をそのまま継承するものではない。しかし,沖縄のこれからの住居を考える上で,伝統を継承するための一つの解釈と考える。また,本土から移住した施主の住まいであり,地元民のような

信仰心があるわけではない。しかしかつての沖縄の住宅のような住まい手の生活と自然とのつながりは再構築できたと考えている。そのうちに彼らも，家の中に見られる自然現象の中に祖先や神々の存在を知ることになるかもしれない。

　本土でも，元来家が「神のすまい」という考え方はあった。しかし現代では多くの人々において家は，単なるシェルターであり，さらには商品と化している。家をつくるときには，個々の利便性や快適性を追求するために，自然を他者として扱い，思うがままにコントロールしようとしてきた。もちろんそこには，祖先への尊敬やつながりも見えにくい。

　改めて沖縄の人々の御嶽への信仰や私たちの八百万の神という古代からの思想を考えてみると，人々が自然を敬いながら保護し，その中で人類の歴史を紡いできた手法ととらえることができる。沖縄の人々にとっては，祖先と自然は，なければ自分たちの存在があり得ない絶対的な存在である。沖縄の人々に限らず，私たちは，自然や祖先とのつながり方，つきあい方を再び学び，これらを自らの生活空間に位置づけることで，この地球上での持続可能な生き方を探ることができるのではなかろうか。

芦澤竜一

▰参考文献
五木寛之　2002『日本人のこころ5』講談社。
上田篤　2013『縄文人に学ぶ』新潮社。
金城義信　1993「沖縄の水事情，いまむかし」加藤秀俊ほか編『人づくり風土記47　沖縄』農山漁村文化協会。
外間守善　1986『沖縄の歴史と文化』中公新書。
仲間勇栄　2002「村落環境の管理システムとしての山林風水の意義」『人間・植物関係学会雑誌』2(1)，39-46，人間・植物関係学会。
畑中章宏　2013「古代信仰の基礎知識」『美術手帳』65(987)，14-21，美術出版社。
比嘉康雄，2000『日本人の魂の原郷　沖縄久高島』集英社新書。
古川修文　1991「緑と風と赤瓦の家」『南島・沖縄の建築文化　住宅建築別冊41』建築思潮研究所。
宮澤智士，1993『INAX ALBUM19 南国の住まい』INAX。
小田静夫監修，2003『NHK 日本人はるかな旅 (2)』NHK。

エスニックツーリズムと居住文化
——インドネシア・トラジャ族

1. 考察に先立つ「問」

　本章は，インドネシア―スラウェシ島―タナ・トラジャにおいて，この地の先住民族であるトラジャ族の現在に見られる居住文化を考察しようとするものである。しかし，当地における伝統的な居住文化については，すでに多くの優れた調査・研究が行われているので，これを反復しても意味はない。そこで，ここでは私たちがツーリストとして当地を訪れた際に接することのできる居住文化に着目したい。なぜなら1970年代以降のタナ・トラジャは，観光と密接な関係をもちつつ今日に至っているからである。「エスニックツーリズム」を切り口とした時に見えてくる当地の居住文化が，改めて今，私たちに何を問い掛けているのか，といったことについて考えてみたいのである。

　そこでまず，「問」を設けることから始めてみたい。「私たちが，私たちの伝統的な文化を守り伝えていくことの意味とは何であろうか？」

　私たちは「伝統的な文化」とされる対象に接する時，あまり深く考えることもなく「守り伝えていかなければならない」と思ってしまうところがある。しかし，はたして何のためにそう思うのであろうか。そもそも，私たちは何を求めて「伝統的な文化」に接しようとするのであろうか。これは，私たちがどこかの場所へ観光に出かける際の，根源的な動機につながると思われるものの，それを明白に意識して観光に出かけるツーリストは，多くはないのではなかろうか。

2. トラジャ族のエスニックカルチャー

　ここでは，2013年3月時，ならびに2014年3月時の筆者の現地取材1)から，まずはトラジャ族のエスニックカルチャー

1) 取材は現地でツアーガイドを雇ったうえで行った。長距離バスの発着所でツーリストに声をかけてくる者がいるが，ツアーガイドは，ゲストハウスやホテルで紹介してもらう方がトラブルが少ない。通常は英語でコミュニケーションを行うが，スペイン語やドイツ語を理解するガイドも少数だがいる。日本語を理解するガイドがいるかどうかは不明である。なお，ツアーガイドを雇わず単独行でエスニックツーリズムを行うことは，情報も適切に集まりにくく，困難である。

について概観しよう。[2]

タナ・トラジャの概要

インドネシア・スラウェシ島の中南部，標高約800～1800mの山岳地帯にタナ・トラジャ県はあり，当地の先住少数民族である「トラジャ族」の主要居住地となっている。「トラジャ」とは元来「山の人々」という意味で，南スラウェシの港町パロポを中心に居住するブギス族が「海の人々」であるのに対し，西方山岳地帯の住民を指して言ったものである［山下1988：13］。なお，トラジャ族については，その分類にいくつかの解釈があるが，彼らの主要集落であるサダン川上流部ランテパオ（図1）を中心としたエリアに居住する者を「サダン・トラジャ」と呼び，それ以外の地域に居住する部族とは区別することが一般的である。本章で「トラジャ族」とするのは，この「サダン・トラジャ」である。[3]

現在，トラジャ族の多くはキリスト教を信仰するものの，同時に「アルック・ト・ドロ」，すなわち「先祖のやり方」と呼ばれる伝統的な生活上の考え方を保持している。これは，東南アジアの基層文化につらなる文化伝統とされ［山下1988：17］，本章で紹介する彼らの生業である水稲耕作や特徴的な住居「トンコナン」，葬送儀礼等，生活の全てを司るものである。インドネシア政府は1969年に，この「アルック・ト・ドロ」を正式な彼らの宗教と認め今日に至る。[4]

トラジャ族の宗教

トラジャ族の多くはキリスト教を信仰するとすでに述べた。これはオランダが現在のタナ・トラジャ県一帯のエリアを統治するにあたり，1800年代末に，まずは当地で強い勢力をもっていたトラジャ族の内部調査を兼ねてキリスト教の宣教活動を行い，これをきっかけに彼らを懐柔しようとしたことに始まる。ただし，1900年代中頃までは，トラジャ族のキ

図1　ランテパオの位置

2）本章には先行する研究成果とは相違する内容が含まれている。また，トラジャ族の研究成果については，いくつかの先行研究相互で，すでに一致しない部分も多い。しかし，その点についての追及はここでは行わないこととする。

3）ただし，こうした分類には議論を残しており，また，筆者の現地におけるヒアリングでは，トラジャ族の人々がこうした分類を自認しているわけではない。

4）インドネシアは宗教の公認制をとっており，宗教省はイスラム教，キリスト教，ヒンドゥー教，仏教・儒教を「宗教」として認めている。トラジャの宗教は東南アジアの宗教伝統の系譜に属するものであるが，「バリ・ヒンドゥー」の一分派として公認を受けた［山下1988：72］。なお，ここでは「宗教」としたが，アルック・ト・ドロは狭義の宗教ではなく，彼ら

リスト教化は緩やかなものであり、本格的にキリスト教が定着しだしたのは、むしろオランダが去った1900年代中頃から後半にかけてだと言われる［山下 1988：67］。

2013年時に筆者が行ったヒアリングでは、トラジャ族全体のうち、プロテスタント系キリスト教徒が約65％、カトリック系キリスト教徒が約30％と、キリスト教徒が約95％を占めるという。また、残りの約3％がイスラム教徒、2％がその他の宗教を信仰する人々だという。[5]

図2 ランテパオの教会内部：キリスト像の下にトンコナンをモティーフとした祭壇がある

いずれにせよ、現在、トラジャ族の多くは、アルック・ト・ドロを生活の根底に維持しながらもキリスト教を信仰している。いわばアルック・ト・ドロとキリスト教が融合し、複合宗教化して、今日、彼らに根づいている点が興味深い（図2）。

トラジャ族の生業

今日のタナ・トラジャにおける人々の生業は多様化している。特に、後述するように、1970年代以降の観光開発に関連して、大きな富を手にした者もいる。[6] しかし一般の人々にとって、生活の根幹は水稲耕作にあると言ってよい。

山岳地帯に住む彼らの水稲耕作は、おのずから深い山々からの湧水を利用した棚田によるものとなる。ランテパオから車やバイクで数分も走れば、山々の麓に着く。そこから徒歩で山に分け入れば、やがて見事な棚田が一面に拡がる（図3）。

当然ながら棚田は山岳地帯にあるため、多くの場所で機械が入らない。かといって家畜を使うこともなく、耕作は基本的に人力による手作業である。水牛を使えばよいようなものである。しかし、トラジャ族にとって水牛は身近に存在する家畜であるにもかかわらず、耕作に使用することはほとんどないという。確かに水牛を耕作に使用しているところを筆者は見たことがない。後にも述べるが、水牛はトラジャ族にお

の生活体系に対する伝統的な考え方ととらえるべきである。

5）この数値はツアーガイドに対するヒアリングによるものであるため、確証の得られるものではない。ただし、山下による調査では、トラジャ族全体のうち、1978年時において約60％、1984年時において約80％がキリスト教徒であったとしている［山下 1988：67］。したがって、この数値は大きくは外れていないものと判断する。

6）たとえば、高速バスの運営を行う「リタ社」は、トラジャ族の者が起業した。ランテパオ郊外の広大な土地に、一族の豪邸が数棟にわたって建っている。

図3 棚田の畦を歩いて学校に通う子供たち

7) 鳥越らの解釈では,トンコナンは本来,住居を示す概念とは別の意味で使用されることから,住居を指す場合のトンコナンの使用は誤用であり,本来はバヌアと言うべきであるとしている［鳥越・若林 1995：136］。しかし現在,トンコナンは現地でも一般的な呼称であることから,ここではトンコナンとバヌアの両方を使用する。

8) トラジャ族はかつて社会階層を有していた。鳥越らによれば「貴族」「上流階級」「自由民」「奴隷」といった四つの階層があったという［鳥越・若林 1995：10］。こうした階層は,オランダ統治時代に公には廃止されたものの,集落の規模と建築物の数,あるいは相対的な貧富の差におい

いて富の象徴であり,そのために飼育されていると言ってよい。したがって,耕作には使用しないのである。なお,現在の水稲耕作は二期作が主流となっており,収穫は穂刈である。

トラジャ族の集落構成

トラジャ族の住まいは,「トンコナン」(図4)または「バヌア」(図5)と呼ばれる住居棟と,「アラン」(図6)と呼ばれる米倉が必ず対となって構成されている。裕福な一族の集落ともなれば,住居棟が数棟にもわたって建ち並び,これと同数,またはそれ以上のアランが,「ランテ」と呼ばれる広場を介して対に建ち並ぶ(図7)。筆者が取材した限りにおいて,少なくともアランを伴わない住居棟はない。住居棟が1棟しかない場合においても,それに対して必ず1棟から数棟のアランが併設されている。ここに,トラジャ族の生活において,「米の蓄え」と生業としての水稲耕作の重要性が見て取れよう。

なお,こうした建物からなる集落は,基本的に拡大家族を含む一族の所有下にある。各住居棟と米倉は対になって,家族を構成する誰かに帰属し,そして代々受け継がれていく。家族体系は原則として双系社会であり,相続は拡大家族を含み,かつ,男女を問わず一族のなかで決められるが,母系的要素が強いとも言われる。一族において,住居棟と米倉を一対しかもっていない場合にも,これは原則として変わらない[8]。

トンコナンの意義

先述した住居棟のうち,トンコナンは,人々の生活の場として最も重要な意味をもち,またトラジャ族の主要なエスニックアイデンティティである。東南アジアにおける水稲耕作民族の住居に多く共通するいわゆる「高床式住居」形式であるが,

図4 トンコナン (Palawa)

図5　バヌア（Palawa）　　図6　アラン（Palawa）　　図7　ランテを介して建ち並ぶトンコナンとアラン（Palawa）

屋根の棟が両端で反り上がり[9]，これを妻側の棟持ち柱で支えているところに特徴がある。

　トンコナンの壁面は水牛をモティーフとするレリーフで飾られ，棟持ち柱にはいくつもの水牛の角が取り付けられている。特に裕福な集落におけるトンコナンの棟持ち柱には，とりわけ多くの角が取り付けられている（図8）。彼らにとって水牛は豊かさを象徴するものであり，これらは後述する葬送儀礼の際に生贄にした水牛の角である。つまり，角の数が多ければ多いほど，すなわち，葬送儀礼の際に生贄にする水牛の数が多ければ多いほど，その一族は富める者としての力を示すことになる。

　また，トンコナン正面の妻側は必ず北側に向く。これはトラジャ社会において，北は「生にかかわる方向」であり，南は「死にかかわる方向」とされることに由来する。現在においても，トラジャ族の人々は就寝の際，南に頭を向けないのが一般的である[10]。また，こうした方位に対する考え方は，彼らのエスニックカルチャー全般を通して重要な要素であるが，これについては先行研究を参照していただきたい。

　トンコナンの内部は高床のレベルで三つの部屋に分かれている。中央の部屋には炉が据えられ，食事や団欒といった多目的の場として機能する。また，南北両

て，現在も無関係とは言えない。

9）　棟の反りは，建設年代が古いものほど低く，新しいものほど高くなる傾向がある。これはエスニックアイデンティティの誇示であると思われ，観光地化の影響が考えられる。布野も先行文献において同様の指摘をしている［布野1997：200］。

10）　筆者の複数のヒアリングと観察によれば，今日の一般生活では狭小な住宅事情もあり，南にさえ頭を向けなければ，特にどの方向でも気にしないようである。

11）　現地では「ブギス」を「ブギニ」と発音していた。ツアーガイドにその理由をたずねたが，

図8　水牛の角が取り付けられた棟持ち柱（Palawa）

側の部屋は中央の部屋より一段高くなっており，筆者のヒアリングでは，南側の部屋を主に家長夫妻が使用し，北側の部屋は，娘の就寝や客が来訪した際の客間として使用するとのことである。また息子は，中央の部屋などの適当などこかに就寝し，アランの倉室部分の下にあるプラットフォーム状の床に寝ることもあるという。しかし，これは主に過去の習慣であり，現在における使用については後述する。

なお，住居棟の全てがトンコナンであるわけではない。トンコナンは先祖より代々受け継がれてきた人々の拠りどころとして存在するものである。したがって，仮に現在は使用されていなくとも，トラジャ族の人々にとって，特に儀礼の際，その意義は大きい。

一方，トンコナン以外の住居棟をバヌアと呼ぶ。筆者が接したトラジャの人々は，こうした住居棟を「ブギニスタイル」、すなわち「ブギス族のスタイルによる家」と慣例的に呼んでいた。造りもトンコナンに比べると格段に簡便であることから，建設費用は同じ規模なら10分の1程度でできるという[12]。場所によっては，トンコナンよりもバヌアの方が多く，また，バヌアしかない集落もある。

なお，裕福な一族では，現代的で設備の整った住居棟を集落内に建設する事例もある。しかし，筆者が取材した限りにおいて，これもバヌアと同等の位置づけであり，トンコナンとして扱われていた事例はない。

現在に見るトラジャ族の住まい

繰り返しとなるが，今もトンコナンはトラジャ族の人々にとって住まいの根源であり，一族の拠りどころとして存在している。しかし現在，伝統的なスタイルのままトンコナンに住む人々は少ないと思われる[13]。その様相は次第に変化しているようである。次にそうした事例を見てみよう。

図9は，Siguntu集落におけるトンコナンの一つを実測したものである。トンコナンは高床式住居であり，土間部分は，

「私たちはそう言う」ということであり，その根拠は不明である。ただし，現地で「ブギス」と言っても通じる。

12）2014年時の筆者のヒアリングでは，標準的な規模のトンコナンを新築する場合，1棟につき5億ルピア（日本円で500万円）程度が必要であり，これに対して，バヌアは5千万ルピア（日本円で50万円）程度だという。なお，どちらを建設する場合にも，これに加えて，実際に建設に従事する人夫の食事代等が必要となる。ちなみに，タナ・トラジャにおけるツアーガイドの1カ月分の収入は250万ルピア（日本円で2万2千円）程度，車をチャーターした際に付くドライバーの1カ月分の収入は150万ルピア（日本円で1万3千円）程度だという。

13）2014年時に筆者のツアーガイドをしたトラジャ族の青年の村には，いまだ電気が引かれていないと言い，生活スタイルも従来からのものに近いという。したがって，未確認ではあるが，ランテパオから遠い山岳地帯では，今も従前からの生活スタイルを保持している可能性がある。

14）内部については立ち入りが許されず，詳細は不明である。

図9 トンコナン平面実測図（Siguntu）

各種の作業をしたり，家畜を飼ったりすることはあるものの，本来，居住部分としては用いられない。しかし，この事例ではトンコナンの土間部分に床が張られ，一家の娘のスペースとして使用されていた（図10）。また，このスペースに続くトンコナン背後のスペースに，鉄筋コンクリート造による平屋の増築（図11）が行われている。コンクリートによる土間レベルで，ダイニングスペースや一家の主人夫妻のベッドルームの他，水浴び場兼トイレ，キッチン（図12）が設置され，キッチンにはプロパンガスのコンロや冷蔵庫も置かれている。トンコナンにおける本来の居住部分である高床レベルには，中央の間にベッドが置かれ，現在はこの地を離れている息子とその妻が，帰省した際に使用するという。また，炉は撤去されている。さらに，両側の部屋は主に物置として使用されている。

図13はMadong集落における事例である。ここではトンコナン自体には手は加えられていないものの，その背後のスペースに木造平屋の住居棟が設置されている。前例と同様，

図10 改築され床が張られたトンコナン土間部

図11 トンコナンに増築された平屋部分

図12 増築部内部のキッチン

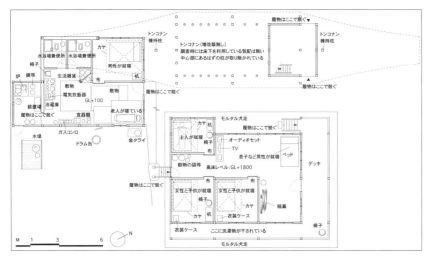

図 13 実測平面図（向かって左が木造平屋，下がバヌア，上がトンコナン）（Madong）

図 14 増築部内のリビング・ダイニング的スペース

図 15 土間に設けられた炉

コンクリートによる土間レベルに，リビング・ダイニング的なスペース（図 14）と水浴び場兼トイレ，キッチン，個室が設置されている。また，キッチンにはガスコンロもあるが，このエリアに連続する土間スペースには炉が設けられている（図 15）。炉を併用することによって，プロパンガス燃料を節約する目的があると考えられる。

　この事例では，隣接するバヌアについても実測を行った。高床レベルの内部には三つの個室が設けられ，南西の角部屋に一家の主人が就寝する。また，これ以外の個室に女性たちが就寝し，リビング・ダイニング的なスペースに置かれたベッド，あるいはトンコナンの高床レベルに，息子ら男性が就寝するという。当該バヌアにおける就寝位置は，伝統的な就寝位置，すなわち南側の部屋を主に家長夫妻が使用するといった要素を踏襲したものと考えることもできる。なおベッドの向きは，Siguntu 集落の事例を含め，全て頭が南側に向かないように置かれている。また，客が来訪した際はトンコナンに就寝する[15]。

　こうして見ると，トンコナンの使用は今日的なニーズにし

たがって変化していることがわかる。また、トンコナンに増築や改築を加える場合、ここに紹介していない事例を含め、土間レベルに居住スペースを設置している例が多い。しかし、これは日常の営みにおいて、人々が利便性を求めた結果による自然な流れと言えよう。また、こうした様相は、トンコナンの意義が失われてしまったことを意味するものでもない。たとえば、次に述べる葬送儀礼の際、死者が安置される場所は、今もトンコナンの高床レベルであり、他の建物の土間レベルに安置されることはない。

図16　葬送儀式を待つ者が居ることを示す白い布の印（Madong）

トラジャ族の葬送儀礼

トラジャ族の葬送儀礼については、その独自性から、特に多くの研究者が詳細な調査を行っている。したがってここでは、葬送儀礼の

図17　キリスト教の介在しない葬送儀式：子供たちが馬を模したものに跨り、参列者を先導する（Balik）

ハイライトである葬送の儀式（以下、「葬送儀式」）について、筆者が取材したものから概要のみを紹介しよう。

トラジャ族において人が死ぬと、親族は葬送儀式に向けた準備に取り掛かるわけであるが、その期間中、死者はまだ死んでおらず「病人」として扱われる。この「病人」は、トンコナンの高床レベルに寝かされ、毎日の食事が供えられる。この期間は数カ月から数年続くこともあるという。またこの間、集落に続く道には葬送儀式を待つ者がいることを示す印が置かれる（図16）。実は、この準備期間も含めて、すでに葬送儀礼は始まっており、準備期間中にも様々な儀式が行われる。しかしその実態としては、この期間を利用して、葬送

15）筆者がこの集落に宿泊した際、トンコナンの高床レベルに就寝するように指示された。しかし、高床レベルのどこに就寝するかについては自由であった。なお、南側の部屋は物置として使用されており、それ以外のスペースには何も置かれていない。筆者には折りたたみ式のマットレスが貸し出され、それを適当などこかに広げて就寝せよとのことであった。

図18 ナタで喉元を切られる水牛（Balik）

図19 分配する肉を切り分ける人々（Balik）

儀式でささげる生贄の家畜や、その他諸々の費用を都合し、遠くに住む者を含む親族の予定などを調整するのであるという。

準備が整うと、儀式をもって「病人」は「死者」として人々に告知され、数日にも及ぶ盛大な葬送儀式が執り行われる。大きな儀式になると、周辺集落からはもとより、遠方からも多くの参列者が集まり、参列者は数千人から時には1万人を超えるという。トラジャ族の多くはプロテスタント系キリスト教を信仰することから、現在見られる儀式の多くは牧師が進行を司る。また子供たちによって賛美歌が歌われたりもする。しかし、根底にはまぎれもなくアルック・ト・ドロによる儀礼があり、ここに複合宗教としての面白さがある。

もちろん少数ではあるが、キリスト教の介在しない、アルック・ト・ドロにのみ基づく儀式もある。2014年に筆者が取材した儀式は、たまたまそうしたものであった（前頁図17）。キリスト教の介在する儀式とは様々な点で差異があり、進行も祈祷師が独特の発声と共に行っていた。

儀式のハイライトは何と言っても水牛の生贄である。筆者が取材した2013年時の儀式では40頭あまりが、14年時の儀式では65頭の水牛が生贄となった（図18）。すでに述べたが、この水牛が多ければ多いほど、その一族の富を象徴することになる。かつては100頭以上の水牛を生贄にした儀式もあったという。また、水牛はからだに白い部分が多いものほど価値が高い。14年時の儀式は有力者の儀式であったことから、半数近くが、からだに白色の混ざる水牛であった。

16）儀式の主催者はジャカルタの警察幹部であり、息子たちも警察官である。また、筆者が2014年に取材した時は、ちょうどインドネシアの総選挙期間にあたり、主催者も立候補をしており、儀式においても政治活動が行われていた。

17）こうした盛大な儀式と生贄は、当然ながら全ての葬送儀式で行われるわけではない。むしろ裕福な一族に限られた儀式と見てよいであろう。筆者のヒアリングによれば、財をもたない多くの庶民において人が死ぬと、

生贄にされた水牛の肉は，参列者に分配される。また，これとは別に，数十頭から時には数百頭の豚も生贄とされる。この肉も，人々に分配される他，参列者の食事として振る舞われる（図19）。すなわち，儀式における肉の分配は人々に対する富の分配であり，トラジャ社会における相互扶助システムと言えよう。

　さて，生贄の儀式が済むと葬送となる。棺は男性数人によって担がれ，その後を村人が列になって続き，墓地まで運ばれる。なおキリスト教の介在する葬送の場合は女性も墓地まで同行するが，キリスト教の介在しない儀式では女性の同行は村外れまでで，そこから先は男性のみで行う。

図20　高い位置にある墓室へ運ばれる棺（Balik）

　死者の安置は，高い場所にあればあるほど「プヤ」と呼ばれる死者の世界に近いとされ，裕福な者ほど高い場所に安置される傾向がある（図20）。また，生前の姿は「タウタウ」（図21）という人形に写し取られ，後世に伝えられることとなる。

図21　タウタウ（Lemo）

　この他にも，歯が生えるまでに死んだ子供は樹木に開けた穴に埋葬する習俗（図22）があるなど，トラジャ族における葬送儀礼は実に独特であり，また複雑でもある。

　なお，こうした葬送儀式には一般ツーリストも参列することが可能である。トラジャ族の葬送儀式では参列者が多ければ多いほどよいとされ，ツーリストだからといって排除されることはない。

図22　子供が埋葬された樹木（Kambirra）

水牛の生贄はないか，あってもせいぜい1頭，あるいは豚を1頭から数頭生贄にするのみで，葬送儀礼の期間も全体を通して1週間程度であるという。

3．エスニックツーリズムについて

　ここで，はじめの「問」を考えるにあたり，エスニックツーリズムの意義から考えたい。エスニックツーリズムは，一般に文化遺産観光に包含される観光対象のうち，特に「エスニック（民族的）」な要素に注視するツーリズムの形態である。したがって，その観光対象は人々の日々の営みそのものであ

る。しかし，こうした要素は本来，ツーリストに見せることを前提とするものではない。自らに置き換えてみても，プライヴェートな生活を赤の他人のツーリストに見せることなどあり得ない。よそ者が観光に訪れて，気軽に見せてもらえるようなものではないはずだ。

実際に，ツーリストの側が一方的に思い立ち，自らが興味をもった土地に行ったからといって，エスニックツーリズムができるわけではない。たまたま運良く，その地における人々の生活の一端を垣間見られる場合もあろうが，一見で行って得られるものは少ない。

ではなぜ，今日のエスニックツーリズムというツーリズム形態が成立し得ているのであろうか。それは，対象各地における営利活動に他ならないからである。

エスニックツーリズムのメリット

例外はあるものの，エスニックツーリズムはその多くが主要都市部から遠く離れた辺境地において展開されている。こうした地域は，辺境地であるがゆえに，都市部からの様々な影響をさほど受けずにすみ，特有の生活文化を色濃く残す地域である。と言えば聞こえはよいが，要するに，主要都市部を中心とする様々な経済活動と，それによってもたらされた現代的な生活スタイルへの移行から取り残された地域である。タナ・トラジャは，まさにこうした地域の一つと言ってよい。

このような確たる経済基盤をもたない地域に対する地域振興の切り札として，戦略的に用いられるのがエスニックツーリズムである。他に何があるわけでもないが，都市生活者から見れば，自らの生活とは異なる特有の生活文化が残されている。これを観光資源にした観光開発，すなわち地域振興を目的とした営利活動である。しかし，これはこれで，巧妙なアイディアのように思われる。

以下では便宜的に，ツーリストを受け入れる側を「ホスト」，エスニックツーリズムを行おうとするツーリストの側

18）樹液がミルク代わりとなり，死んだ子供の死後の世界における糧になると考えられている。

19）ツーリストが儀式に参列する際には，入村時に贈り物をもって儀式の主催者に簡単な挨拶を行う必要がある。贈り物は，現在ではタバコが一般的であり，筆者も各儀式でタバコ1カートンを持参した。挨拶が済めば基本的に出入りは自由であり，お茶や食事も提供される。

20）文化遺産観光とは，たとえば「神社仏閣・遺跡・建築物一般・仏像・絵画など」の有形文化遺産や，「口承文化・習俗習慣・芸能・祭り・食」といった無形文化遺産を観光対象としたツーリズム形態である。

を「ビジター」として、それぞれの側から見たエスニックツーリズムのメリットを概観してみよう。

　ホスト側から見れば、当地における人々の普段の生活そのものが観光資源であるから、特段に新たな観光資源を創出することなく、観光収入を得ることが見込まれる。すなわち、エスニックツーリズムは、初めに巨額の投資や大掛かりな観光施設を整備することなく、必要最低限の投資と施設整備のみで、観光客誘致を始めることが可能な観光開発と言える。ツーリストの来訪状況を見ながら、段階的に観光施設を補充していけばよい。また、観光収入がもたらされれば、それによって文化遺産の維持・保全を行うことも可能であろう。地域に人々が集まり賑わいが創出されれば、新たな雇用も生まれ、地域自体が活性化していくと考えられる。

　一方、ビジターの側から見れば、従前にはなかなか行くことのできなかった地域を気軽に訪れることがかなう。自らの日常とは異なる文化に触れ、驚きや感動を得ることができる。まさに、観光の醍醐味を味わうことができるのだ。

　こうして見ると、エスニックツーリズムはホスト・ビジター双方にメリットのある、バランスの取れたツーリズム形態と言える[21]。またそれは、確たる経済基盤をもたない辺境地へ経済効果をもたらすシステムとして、おおまかには間違っていない。しかし、そこで、エスニックツーリズムによる経済効果は、誰にもたらされているのか、といった点に注視する必要があることを指摘しておきたい。ここにこそ重要な考察点があるからである。

　以上を念頭に置きながら、タナ・トラジャにおけるエスニックツーリズムの意味について、考えてみたい。

21)「イコモス国際文化観光憲章」により、遺産保護と観光開発との関係性に対する評価と枠組みが明示されている [ICOMOS 2002]。

4.「秘境ブーム」とタナ・トラジャ

　本書の「はじめに」において筆者が述べたように、バーナード・ルドフスキーによる「建築家なしの建築」展は、その後の「ヴァナキュラーな居住文化」に対する人々の関心の高

まりと，これに伴ういくつかの社会現象発生の一端を担った。
　その一つが，ヒッピー文化から派生したバックパッカーの登場と，彼らによる，いわゆる「秘境」への観光である。これは，1960年代末から90年代にかけて隆盛した。本章では，これを「秘境ブーム」と呼ぶことにする。
　アルック・ト・ドロに基づくトラジャ族の生活は，この秘境ブームの中にあって格好の観光対象であった。インドネシアにおけるエスニックツーリズムはバリ島が先行しており，ここでは伝統的な踊りや芸能がショービジネス化されて展開していた。一方，スハルト政権は，1969年に観光開発による外資獲得の方針を打ち出し，タナ・トラジャ県を観光開発のための重点地域の一つとして挙げた［山下 1988：271］。アルック・ト・ドロの政府による宗教公認も，こうした動きと無関係ではないであろう。タナ・トラジャ県における観光対象はショービジネス化されたものではなく，アルック・ト・ドロに基づくトラジャ族の日常の生活である。都市生活者から見れば，これはまさに秘境における生きているエスニックカルチャーであった。秘境ブームと国策としてのタナ・トラジャに対する観光開発は，時期を同じくしていたばかりか，希求するところも一致したのである。以降，タナ・トラジャではツーリストを社会的に受け入れる施策が取られていく。

タナ・トラジャにおける観光の隆盛と衰退
　タナ・トラジャにおけるエスニックツーリズムは隆盛した。この地を訪れたツーリストの数にそれは明らかで，1970年には外国人ツーリストが16人であったのに対し，73年には1048人，国内ツーリストを含めたツーリスト全体では7598人と，わずか3年で飛躍的な増加を見たのである。その後もタナ・トラジャを訪れるツーリストの数は増加し，ピーク時の94年には外国人ツーリスト数が約5万7千人，国内ツーリストを含めたツーリスト全体では約26万2千人と，73年の34倍以上にも達した［Adams 2006：16］。タナ・トラジャは，

インドネシアにおける国際的な観光地として、バリ島に次ぐ知名度と地位を得たのである。

しかし、1990年代後半、秘境ブームの陰りとインドネシアの社会情勢不安に伴って、タナ・トラジャへのツーリスト数は激減する。これに対応すべく、観光地としてのブランド力（以下、「観光ブランド」）を得ようとする動きが生まれた。すなわち、世界遺産リストへの登録である。しかし2度の申請にもかかわらず、タナ・トラジャの世界遺産登録は失敗に終わる。

その経緯については割愛するが、結果的に、1995年以降、タナ・トラジャを訪れるツーリストの数は減衰に転じる。2004年には外国人ツーリスト数が5762人、国内ツーリストを含めたツーリスト全体は2万7564人にまで減少した［Adams 2006：16］。現在のツーリスト数は、公的機関により正式に発表されたものではないが、ある見解では、2010年の外国人ツーリスト数は約5千人程度だと言われている［阿部 2013：138］。また、筆者が現地のツアーガイドに対して行ったヒアリングでは、2012年における外国人ツーリスト数は約3500人程度、2013年には少し回復して4300人程度とのことである。[22]

5. エスニックツーリズムがトラジャ族にもたらしたもの
エスニックツーリズムの功罪

先に見たように、トラジャ族の人々の生活は、現代的なニーズや社会的背景の変化によって姿を少しずつ変えつつ、根底には今なお、アルック・ト・ドロに基づく伝統的で独自なエスニックカルチャーが息づいている。また、トラジャ族の人々も、こうしたエスニックカルチャーに対して、強いアンデンティティをもち、それを誇りにしているように見える。

一方、エスニックツーリズムは、トラジャ族の人々に何をもたらしたのであろう。

1970年代から始まった観光開発は、その隆盛とともに、

22) この数値は信頼できるものではない。しかし、おおまかな傾向は表れていると言ってよい。

相応の経済効果をタナ・トラジャにもたらしたと言ってよい。しかし，ツーリスト数が伸び悩む今日では，観光業はかつてのような有望な職業とは言い難い。ツアーガイドも飽和状態であり，筆者が2013年の取材時に雇ったツアーガイドの平均月収は，日本円にして2万円を少し超える程度である[23]。タナ・トラジャにおける平均的サラリーマンの月収がおよそ3万円程度ということであるから，これは決して恵まれた職業とは言えない。しかし，ツアーガイドの職に就いている人々はまだよい方で，山間部に住む一般農民の収入は，これよりもさらに低いと思われる。また，こうした人々に観光関連収入が渡ることは，まず，ない。実際に，筆者が現地滞在時に使用した金銭から考えてみても，観光関連業者以外の人々に支払った金銭はほとんどない[24]。したがって，実のところ，一般のトラジャ族の人々にとって，エスニックツーリズムによる恩恵はほとんどないと言ってよい。

エスニックツーリズムについて，本節最初にホスト・ビジター双方にメリットのあるバランスの取れたツーリズム形態である，としたが，実際にはどうであろう。ホストを観光関連業者と設定した場合には，一定程度のバランスが得られていると言ってもよい。しかし，これを現地に暮らす一般の人々とした場合には，少なくともバランスの取れたツーリズム形態とは言えない。

居住文化の保護制度とエスニックカルチャー

ここで，居住文化の保護に関連する制度についても考えておきたい。

その一例が世界遺産であろう。世界遺産とは，ユネスコの「世界の文化遺産及び自然遺産の保護に関する条約（通称，世界遺産条約）」に基づいて世界遺産リストに登録される対象である。しかし現在，これは観光ブランドとして機能している側面がある。タナ・トラジャも観光ブランドを得たいがために世界遺産登録を目指したのである。しかし，世界遺産の獲[25]

---

23) 2014年時，ガイド料は1日30万ルピア，日本円にして2600円程度。

24) 住居の内部を見せてもらった場合には，日本円にして300〜400円程度をお礼として渡す時もある。

25) したがって「世界遺産」といった名称の遺産は正式には存在しないが，本章では，通例に倣い，世界遺産リストに登録された対象を「世界遺産」と呼称する。

得に失敗した。そして今日，観光振興は停滞している。

　一方，こうしたことをよそに，トラジャ族の人々は，時代の流れに伴って徐々にその生活スタイルを変化させながらも，根底にある自らのエスニックカルチャーを失ってはいない。むしろ，誇りをもち，これを維持しながらタナ・トラジャに暮らしているように見える。

　今日の世界遺産といった遺産保護を謳う制度は，観光ブランドとしては相応の効果を発揮すると言ってよい。しかしこうしたブランドを獲得したからといって，人々の暮らし，すなわち伝統的なエスニックカルチャーが保護されるとは限らない。むしろ，世界遺産となったがために観光地化が進み，伝統的なエスニックカルチャーが破壊されてしまった事例も各地から報告されている[26]。

　人々の営みによって息づくエスニックカルチャーは，制度によって，ましてや観光ブランド化によって保護できるものではない。それは，人々のアイデンティティによってのみ，維持されるものであると筆者は考えている。トラジャ族の事例は，このことを示している。

26) たとえば山村ほか[2007]，藤木[2010]を参照。

6. 再び初めの「問」について

　考察の冒頭で，筆者は一つの問いを設定した。すなわち，「私たちが，私たちの伝統的な文化を守り伝えていくことの意味とは何であろうか？」という問いである。筆者の考えを述べよう。それは「自らが他との差異を維持すること」にある，と言うに尽きる。

　言うまでもなく，国や地域，そこに住まう人々の習俗や気候風土には様々な差異があり，多種多様な文化が存在する。したがって，文化を楽しむこととは，文化の多様性を楽しみ，かつ，その差異を認め合うことであろう。いささか極論めくが，もし世界各地の文化や習俗が均質化されてしまったならば，どうであろう。これほどつまらない世の中はない。どこへ行っても同じなのであれば，観光の必要もない。こうなれ

ば，もはや文化は死に絶えたと言ってよい。自らの独自性を確かめる術さえ失った世の中なのである。
　私たちが文化の差異を楽しみ続けるために，さらに言えば，エスニックツーリズムを楽しみ続けるために，今，行うべきことは何か。これに対して，筆者自身，明確な答えはいまだもっていない。しかし，これを常に考え続けることこそが，私たちに求められているのだと思う。

藤木庸介

※　本章は，慶応義塾大学東アジア研究所講座として，2014年6月11日に慶應義塾大学三田校舎において行われた筆者の講義「エスニックツーリズムと文化遺産──麗江とタナ・トラジャ」の講義録［藤木 2015］の一部を基に再構成を行ったものである。
※　図版は全て筆者の作成・撮影による。

参考文献
山下晋司，1988『儀礼の政治学』弘文堂。
Samban C. Parinding and Judi Achjadi, 1988 *Toraja: Indonesia's Mountain Eden*. Times Editions.
Roxana Waterson, 1990 *The Living House*. Oxford University Press.
鳥越憲三郎・若林弘子，1995『倭族トラジャ』大修館書店。
細田亜津子，1996『トラジャ紫の大地』西田書店。
Amir Achsin, 2006 *Toraja: A Unique Culture*. CV. Putra Maspul Publisher.
布野修司，1997『住まいの夢と夢の住まい』朝日新聞社。
International Council on Monuments and Sites, 2002 "ICOMOS International Cultural Tourism Charter" ICOMOS International Cultural Tourism Committee December.
B・ルドフスキー，渡辺武信（訳），1984『建築家なしの建築』鹿島出版会。
Kathleen M. Adams, 2006 *Art as Politics*. University of Hawaii Press.
阿部嘉治，2013「インドネシア・タナトラジャの世界遺産登録プロセス」日本国際観光学会論文集（第20号），137-142。
山村高淑・張天新・藤木庸介（編），2007『世界遺産と地域振興』世界思想社。
藤木庸介（編著），2010『生きている文化遺産と観光』学芸出版社。
藤木庸介，2015「エスニックツーリズムと文化遺産：麗江とタナ・トラジャ」鈴木正崇（編），『アジアの文化遺産：過去・現在・未来』慶應義塾大学出版会。
藤木庸介，2016「インドネシア・スラウェシ島・トラジャ族に見る住居構成と住居使用の現状」日本建築学会技術報告集（第22巻第52号），1111-1116。

著者の推薦する 1 冊

エドゥアルド・コーン『森は考える──人間的なるものを超えた人類学』
　　（奥野克巳・近藤宏 監訳，近藤祉秋・二文字屋脩 共訳，亜紀書房，2016 年）
［原著］Kohn, Eduardo, *How Forests Think: Toward an Anthropology beyond the Human*, University of California Press, 2013.

📖 人類の居住文化を生物学的な「棲まう」という問題に位置づけて進化史的な観点から考えるための必読書。　　　　　　　　　　　　　　　　　　（大村）

梅棹忠夫『情報の家政学』
　　（ドメス出版，1989 年／中公文庫，2000 年）

📖 家庭を「情報の場」とすればそこから何がみえるのか。住居をフィールドワークする際の大きなヒントがありました。　　　　　　　　　　　　　　（野村）

陣内秀信『東京の空間人類学』
　　（筑摩書房，1985 年／ちくま学芸文庫，1992 年）

📖 人間の住環境が，住宅だけにとどまらず，地域全体に及んでいることを思い出させてくれる名著です。　　　　　　　　　　　　　　　　　　　　（安達）

エドワード・T・ホール『かくれた次元』
　　（日高敏隆・佐藤信行 訳，みすず書房，1970 年）
［原著］Hall, Edward T., *The Hidden Dimension*, Doubleday, 1966.

📖 人と人のコミュニケーション，距離を空間，生活行動および文化の視点から検証しています。　　　　　　　　　　　　　　　　　　　　　　　　（サコ）

浅川滋男 著・建築思潮研究所 編
『住まいの民族建築学――江南漢族と華南少数民族の住居論』
　　（建築資料出版社，1994 年）
🌱 現地社会の内側からの視点というあらたなパースペクティヴをもつようになった居住文化研究の「古典的」名著。　　　　　　　　　　　　　　　（栗原）

商品科学研究所・CDI 編著『生活財生態学――現代家庭のモノとひと』
　　（リブロポート，1980 年）
🌱 立体物の大量複製によってモノが溢れるこの時代。人とモノとの関わりに目を向けることもまた，人とモノを収める建築には重要な視点です。文化人類学と考現学とを背景にした実証的アプローチ。　　　　　　　　　　　（飯田）

安藤邦廣・乾尚彦・山下浩一『住まいの伝統技術』
　　（建築資料研究社，1995 年）
🌱 伝統的な住居に見られる様々な装置と素材をまとめた本。全国を踏査したディティールにまで及ぶ美しい写真と図面に圧倒されます。　　　　　　（釜床）

クロード・レヴィ＝ストロース『悲しき熱帯』〈1・2〉
　　（川田順造 訳，中央公論新社〔中公クラシックス〕，2001 年）
［原著］Lévi-Strauss, Claude, *Tristes tropiques*, Plon, 1955.
🌱 南米ブラジルのアマゾン地域に暮らす先住民の生活と壮大な世界観に引き込まれます。　　　　　　　　　　　　　　　　　　　　　　　　　　（八木）

バーナード・ルドフスキー『驚異の工匠たち――知られざる建築の博物誌』
　　（渡辺武信 訳，鹿島出版会，1981 年）
［原著］Rudofsky, Bernard, *The Prodigious Builders: Notes Toward a Natural History of Architecture with Special Regard to Those Species that are Traditionally Neglected Or Downright Ignored*, Harcourt Brace Jovanovich, 1977.
🌱 学生時代に読んで，居住のあり方のあまりの多様性に目がくらむ思いがしました。　　　　　　　　　　　　　　　　　　　　　　　　　　　（柳沢）

ヘンリー・デビッド・ソロー『ウォールデン　森の生活』〈上・下〉
　　（飯田実 訳，岩波文庫，1995 年）
［原著］Thoreau, Henry David, *Walden; Or, Life in the Woods*, 1854.
📖 森の中で自力で建てた小屋での自給自足の生活を通して，人と自然の関わり，そして生きることの本質を考えさせられる一冊。　　　　　　　　　　（芦澤）

ウィルフレッド・セシジャー『湿原のアラブ人』
　　（白須英子 訳，白水社，2009 年）
［原著］Thesiger, Wilfred, *The Marsh Arabs*, Longmans, 1964.
📖 かつて湿原に暮らしたアラブ人の姿に，こころ打たれます。　　　（藤木）

執筆者紹介（執筆順，＊は編者）

＊藤木庸介（ふじき・ようすけ）
1968年生まれ／滋賀県立大学人間文化学部生活デザイン学科教授・遊工舎一級建築士事務所主宰・一級建築士／和歌山大学大学院システム工学研究科博士後期課程修了・博士（工学）
主な著書：『世界遺産と地域振興——中国雲南省・麗江にくらす』（共編著，世界思想社，2007），『生きている文化遺産と観光——住民によるリビングヘリテージの継承』（編著，学芸出版社，2010）

大村敬一（おおむら・けいいち）
1966年生まれ／放送大学教養学部教授／早稲田大学大学院文学研究科博士後期課程修了・博士（文学）
主な著書：『カナダ・イヌイトの民族誌——日常的実践のダイナミクス』（大阪大学出版会，2013），『宇宙人類学の挑戦——人類の未来を問う』（共編著，昭和堂，2014）

野村理恵（のむら・りえ）
1981年生まれ／北海道大学大学院工学研究院・建築計画学研究室准教授／奈良女子大学大学院人間文化研究科博士後期課程修了・博士（学術）
主な著書・論文：「牧畜民の定着化過程における『ホト』の形成と居住形態の変化」（日本建築学会計画系論文集，75(651)，pp.1141-1149, 2010），『みんなで30年後を考えよう——北海道の生活と住まい』（共編著，中西出版，2014）

安達智英子（あだち・ちえこ）
1967年生まれ／翻訳家・通訳・トルコ民家研究家／多摩美術大学デザイン科インテリアデザイン専攻，イスタンブル・ユルドゥズ大学建築学部修復学専攻研究生
主な著書：「アジアを東西に横断した民族の国，トルコ」（『トルコとは何か』別冊『環』14，藤原書店，2008），「言霊——ことだまイスタンブル　はじまり2015」（『生活芸術を体現するサフランボルの民家』Arkeoloji ve sanat, 2015），レハー・ギュナイ著『サフランボルの民家』（翻訳，YEM出版，2004）

ウスピ・サコ（Oussouby SACKO）
1966 年生まれ／京都精華大学学長・人文学部教授・Architecte Agréé（Ordre des Architectes du Mali), President, Oussouby SACKO Architecture & Design Office／京都大学大学院工学研究科建築学専攻博士後期課程修了・博士（工学）
主な著書：『知のリテラシー・文化』（共編著，ナカニシヤ出版，2007），『マリを知るための 58 章』（共著，竹沢尚一郎編，明石書店，2015）

栗原伸治（くりはら・しんじ）
1967 年生まれ／日本大学生物資源科学部生物環境工学科教授／総合研究大学院大学文化科学研究科地域文化学専攻博士後期課程修了・博士（学術）
主な著書：『黄土高原的村庄──声音・空間・社会』［中国語］（共著，林琦・朱家駿訳，民族出版社・北京，2007），『フィールドに出かけよう！──住まいと暮らしのフィールドワーク』（共著，日本建築学会編，風響社，2012）

飯田　卓（いいだ・たく）
1969 年生まれ／国立民族学博物館教授・総合研究大学院大学准教授／京都大学大学院人間・環境学研究科博士後期課程研究指導認定退学・博士（人間・環境学）
主な著書：『マダガスカルを知るための 62 章』（共編著，明石書店，2013），『身をもって知る技法──マダガスカルの漁師に学ぶ』（臨川書店，2014）

釜床美也子（かまとこ・みやこ）
1980 年生まれ／香川大学創造工学部講師／筑波大学大学院一貫制博士課程人間総合科学研究科修了・博士（デザイン学）
主な論文：「石の種類と生産組織から見た対馬の石屋根構法」（『日本建築学会計画系論文集』73(631)，pp.1891-1898，2008），「対馬の石屋根施工法──相互扶助による採石と施工」（『日本建築学会技術報告集』20(46)，pp.1075-1078，2014）

八木百合子（やぎ・ゆりこ）
1977 年生まれ／国立民族学博物館グローバル現象研究部助教／総合研究大学院大学文化科学研究科博士課程単位取得満期退学・博士（文学）
主な著書：『アンデス世界──交渉と創造の力学』（共著，世界思想社，2012），『アンデスの聖人信仰──人の移動が織りなす文化のダイナミズム』（臨川書店，2015）

柳沢　究（やなぎさわ・きわむ）
1975 年生まれ／京都大学大学院工学研究科准教授・一級建築士／京都大学大学院工学研究科修士課程修了・博士（工学）
主な著書：『世界住居誌』（共著，昭和堂，2005），『生きている文化遺産と観光──住民によるリビングヘリテージの継承』（共著，学芸出版社，2010）

芦澤竜一（あしざわ・りゅういち）
1971年生まれ／滋賀県立大学環境科学部環境建築デザイン学科教授・芦澤竜一建築設計事務所代表・一級建築士／早稲田大学理工学部卒業
主な著書：『都市環境デザインの仕事』（共著，学芸出版社，2001）
主な作品：水都大阪2009――水辺の文化座（大阪，2009），セトレ マリーナびわ湖（滋賀，2013），Factory on the Earth（ジョホールバル〔マレーシア〕，2013）

水本浩典（みずもと・ひろのり）
1949年生まれ／神戸学院大学人文学部人文学科教授／広島大学大学院文学研究科博士後期課程単位取得満期退学・文学博士
主な著書：『日本生活史辞典』（吉川弘文館，2016）に「便所」「公衆便所」「水洗トイレ」「ウォシュレット」などの項目を執筆

カバー写真一覧

※番号は下図と対応／（　）は撮影者

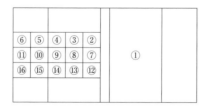

①インドネシア・トラジャ族の住まいトンコナン（藤木庸介）／②インド・ガンジス川からの都市の眺め（柳沢究）／③中国黄土高原の穴居・窰洞，「紙火」に表現された住まい（栗原伸治）／④マダガスカル・西海岸部，漁撈民ヴェズの家屋（飯田卓）／⑤カナダ中部極北圏・クガールク村，定住村落の住居とハンターたち（大村敬一）／⑥沖縄・久高島，民家跡地（芦澤竜一）／⑦対馬・椎根，石屋根の倉（釜床美也子）／⑧北西アフリカ・トゥアレグ居住地，移動式の住居（ウスビ・サコ）／⑨夏のクガールク村（大村敬一）／⑩アンデス高原地帯・ティティカカ湖の浮島のくらし（八木百合子）／⑪中国・内モンゴル自治区，ウシの糞を乾燥させた「アルガル」（野村理恵）／⑫沖縄・現在の「伝統的」風景をつくる赤瓦の屋根（芦澤竜一）／⑬トルコ黒海地方，サフランボル・バーラル地区の民家（安達智英子）／⑭靠崖式窰洞の集落（栗原伸治）／⑮窰洞の開口部に貼られた紙で天候を知る（栗原伸治）／⑯トラジャ族の葬送儀礼，生贄の肉を分配する人々（藤木庸介）

住まいがつたえる世界のくらし
──今日の居住文化誌

| 2016年11月25日　第1刷発行 | 定価はカバーに |
| 2021年 4月10日　第2刷発行 | 表示しています |

編　者　　藤　木　庸　介

発行者　　上　原　寿　明

世界思想社

京都市左京区岩倉南桑原町56　〒606-0031
電話 075(721)6500
振替 01000-6-2908
http://sekaishisosha.jp/

© 2016　Y. FUJIKI　Printed in Japan　　（印刷・製本 太洋社）

落丁・乱丁本はお取替えいたします

|JCOPY| ＜(社)出版者著作権管理機構 委託出版物＞

本書の無断複写は著作権法上での例外を除き禁じられています。複写される場合は、そのつど事前に、(社)出版者著作権管理機構（電話 03-5244-5088, FAX 03-5244-5089, e-mail: info@jcopy.or.jp）の許諾を得てください。

ISBN978-4-7907-1689-1